Michel Otshudiandjeka

LA FRAGILITÉ D'UNE ÉGLISE LOCALE

Michel Otshudiandjeka

LA FRAGILITÉ D'UNE ÉGLISE LOCALE

Éditions Croix du Salut

Publisher:
Éditions Croix du Salut
is a trademark of
Dodo Books Indian Ocean Ltd. and OmniScriptum S.R.L publishing group

120 High Road, East Finchley, London, N2 9ED, United Kingdom
Str. Armeneasca 28/1, office 1, Chisinau MD-2012, Republic of Moldova, Europe
Printed at: see last page
ISBN: 978-620-6-16996-3

LA FRAGILITÉ D'UNE ÉGLISE LOCALE

L'église locale est le fondement même du christianisme. C'est au sein

De ces communautés de croyants que la foi prend vie, que la Parole de Dieu est proclamée et que les fidèles trouvent le soutien et l'encadrement dont ils ont besoin.

Malheureusement, trop souvent, ces églises locales se retrouvent Fragilisées par l'ingérence de responsables extérieurs, avides de pouvoir et de contrôle. Qu'il s'agisse d'évêques, d'anciens, de doyens ou de surveillants généraux, ces individus n'hésitent pas à abuser de leur position pour imposer leur volonté et étouffer toute velléité d'indépendance.

Cette situation est inacceptable. Une église locale doit être libre de choisir ses responsables, de définir sa doctrine et d'organiser sa vie selon ses propres aspirations. Nul n'a le droit de s'immiscer dans ses affaires internes.

De plus, il est inadmissible que certains pasteurs, sous prétexte de leur richesse matérielle, cherchent à asservir leurs confrères plus modestes. L'église n'est pas un lieu de pouvoir et de domination, mais de service et d'humilité.

C'est pour dénoncer ces dérives et rappeler les principes fondamentaux de l'église locale que cet ouvrage a été écrit. Puisse-t-il contribuer à renforcer l'autonomie et la souveraineté de ces communautés, afin qu'elles puissent pleinement accomplir leur mission spirituelle.

PRÉFACE

Dans ce traité, notre souci est de réveiller particulièrement l'épouse de Christ de notre temps par l'avertissement du Messager *William Marion Branham* contre l'esprit dénominationnel qui s'est introduit dans les églises et dans les serviteurs de Dieu. Cet esprit dénominationnel met en valeur les uns et galvaude les autres ; juste pour produire une un organigramme dans le domaine spirituel. La puissance matérielle financière chez les hommes, et l'influence chez les autres sont donc les astuces de vieux démons. Ainsi, les églises et les pasteurs matériellement pauvres sont exposés à la **maintenance** de ce démon.

Or, selon la Bible, la souveraineté de chaque église locale est apostolique. C'est une doctrine qui avait été rongé par le démon de la hiérarchie fondée sur le principe politique de certains hommes tel qu'Ignace et Nicolas. Apocalypse 2 : 6. Ce démon s'est manifesté dans le nicolaïsme qui a produit les balamisme, l'uniformité doctrinal Selon Genèse chapitre 11.

Selon Malachie 4 : 5 et 6, Le Prophète Branham est venu restaurer l'hôtel. C'est pour cette raison que l'épouse s'oppose et hait cette doctrine qui est sournoise, très séduisante et ramène les gens au mauvais système de la hiérarchie, d'où elle était sortie. Un système purement inspiré par le diable, et tant décrié par le prophète de notre temps.

Ainsi donc, nous croyons que par ce présent livre, plusieurs serviteurs de Dieu saisiront l'esprit du message de l'heure pour se détacher de ces démons, et tout le peuple sera vigilant vis-à-vis de pasteur et serviteur de Dieu possédé par ses vieux démons, afin de laisser à Dieu le soin de se révéler à eux selon son bon plaisir. Sans être assujetti à un quartier général quelconque, et de prêcher librement leur conviction doctrinale dans les églises où ils sont établis comme berger. C'est ça la volonté de Dieu.

INTRODUCTION

La fragilité d'une église locale peut parfois résider dans la présence de certains croyants qui occupent des postes importants, sans pour autant avoir véritablement choisi cette communauté comme la leur. Ils recherchent davantage les titres et les responsabilités que le service désintéressé au sein de la communauté.

Ces personnes, diacres, administrateurs ou prédicateurs, peuvent donner une image trompeuse de l'église, masquant ainsi sa véritable identité. Leur comportement frivole et leur manque d'engagement sincère fragilisent l'unité et la cohésion de la communauté. Il est essentiel que chaque membre d'une église locale soit animé par un amour authentique pour cette famille spirituelle, et non par la seule ambition personnelle. C'est à cette condition que l'église pourra rayonner de la présence et de la grâce de Dieu, et accomplir pleinement sa mission. Que chacun examine donc ses motivations profondes avant de s'impliquer dans des responsabilités au sein de la congrégation.

L'esprit nicolaïte ayant envahi certains anciens et certains bergers du message du temps de la fin les a permis à former des hiérarchies afin de contrôler et conduire d'autres pasteurs qui sont moins riche, pas assez de renommée et les associés à une autorité selon lesquelles ils sont évêques, anciens, doyen des anciens, surveillant Général... Et que d'autres pasteurs ne sont que des enfants de ses évêques et qu'ils doivent obéir aux exigences des évêques des anciens et des doyens des anciens.

Le prophète de Dieu, William Branham a toujours combattu ces choses disant : « Je ne suis pas contre les hommes, mais je suis contre le système », et nous aussi, étant enfants de Branham, nous ne sommes pas contre les hommes en écrivant ce livre, mais nous sommes contre le système dénominationnel qui s'est installé dans le message. Le système dont le prophète a combattu toute sa vie, mais, ce dernier est revenu avec force. Ainsi, ce présent livre est mis à la portée de tout croyant désireux mettre une barrière à ce système tant décrié par le prophète.

Dans la Bible, Numerode fut le seul à avoir voulu être adoré par les hommes. Ce présent livre donne la License à tout chrétien du message du temps de la fin, à tout serviteur de Dieu et à tout berger d'une église locale à prêcher ses convictions selon ses croyances dans son église ; sans tenir compte de ce qu'a dit l'évêque, ou ce que peut dire l'ancien. Cette façon de croire n'est pas contraire aux enseignements de

William Branham. C'est pour cette raison qu'il déclare : « Même si vous êtes en désaccord avec votre pasteur sur un point, cela est en ordre continuez simplement. »

CHAPITRE I : LA SOUVERAINETÉ ET L'AUTONOMIE DE CHAQUE EGLISE LOCALE

La souveraineté d'une église fait référence à son autonomie et à son pouvoir de gouvernance interne. Cela signifie que l'église est libre de prendre ses propres décisions en matière de doctrine, de pratique religieuse et de gestion, sans ingérence extérieure. En d'autres termes, une église souveraine a le contrôle total sur ses affaires internes et n'est pas soumise à l'autorité d'une entité extérieure, telle qu'un gouvernement ou une organisation religieuse plus large.

La notion de souveraineté d'une église est souvent associée aux églises du message du temps de la fin, qui mettent l'accent sur l'autonomie locale et la liberté de culte. Cela signifie que chaque église est responsable de sa propre direction spirituelle et administrative, et n'est pas contrôlée par une hiérarchie ecclésiastique centralisée.

La souveraineté d'une église peut également être un sujet de débat et de tension, notamment lorsque des questions de doctrine ou de discipline sont en jeu. Certains voient la souveraineté des églises comme un principe essentiel de liberté religieuse, tandis que d'autres craignent qu'elle puisse conduire à des divisions et à des conflits au sein du christianisme.

En résumé, la souveraineté d'une église est un concept complexe qui soulève des questions importantes sur l'autonomie, l'autorité et la gouvernance ecclésiastique. « Si le frère Neville veut prêcher la doctrine des témoins de Jéhovah c'est son affaire à lui et son église il est libre. » 1

I.'HISTORIQUE [2]

La souveraineté d'une église locale est une notion fondamentale dans le christianisme protestant qui souligne l'autonomie et l'indépendance des communautés ecclésiales individuelles. Ce principe repose sur l'idée que chaque église locale a le droit et la responsabilité de prendre des décisions autonomes concernant sa doctrine, sa pratique religieuse et sa gouvernance interne, sans ingérence extérieure. Dans cet essai, nous explorerons en profondeur la signification et l'importance de la

---

[1] William Branham dans son sermons intituler Hebreu chapitre7 deuxieme partie $282
[2] Histoire du protestantisme de philippe joutard

souveraineté d'une église locale, en examinant ses origines historiques, ses implications théologiques et ses applications pratiques.

Dans un premier temps, il est primordial de comprendre les origines

Historiques de la souveraineté des églises locales. Ce principe trouve ses racines dans la réforme protestante du XVIe siècle, qui a remis en question l'autorité centralisée de l'Église catholique romaine et a promu l'idée d'une Église fondée sur la Bible et dirigée par des communautés locales autonomes. Les réformateurs tels que Martin Luther, Jean Calvin et Ulrich Zwingli ont défendu la liberté des églises locales de définir leur propre doctrine et de pratiquer leur foi sans contrainte extérieure.

Sur le plan théologique, la souveraineté d'une église locale repose sur la conviction que chaque communauté ecclésiale est une expression unique du corps de Christ et qu'elle est guidée par l'Esprit Saint dans ses décisions et sa direction. Cette vision théologique met en avant la diversité et la richesse des différentes traditions ecclésiales, tout en soulignant l'unité fondamentale du peuple de Dieu dans le Christ.

D'un point de vue pratique, la souveraineté d'une église locale se manifeste dans son pouvoir de se choisir ses propres dirigeants, à formuler sa propre confession de foi et à prendre des décisions concernant ses activités missionnaires, sociales et administratives. Cette autonomie locale permet aux églises de s'adapter aux besoins spécifiques de leur contexte culturel et social, tout en restant fidèles à leur identité théologique et spirituelle.

Cependant, la souveraineté d'une église locale n'est pas un principe absolu et illimité. Elle est souvent mise à l'épreuve par des questions de discipline, de doctrine et de relations inter-ecclésiales. Les conflits entre églises locales ou avec des autorités ecclésiastiques plus larges peuvent mettre en lumière les limites de l'autonomie locale et souligner la nécessité d'un dialogue, d'une coopération et d'une réconciliation au sein du corps du Christ.

En conclusion, la souveraineté d'une église locale est un principe essentiel qui reflète la diversité et la liberté inhérentes au christianisme protestant. Ce concept met en avant l'autonomie et la responsabilité des communautés ecclésiales individuelles dans leur témoignage de l'Évangile et leur service au monde. Tout en reconnaissant les défis et les tensions associés à ce principe, il est important de valoriser et de préserver la souveraineté des églises locales comme un élément clé de la vie ecclésiale chrétienne un document intitulé « fonctionnement des offices de l'église, comme recommandé par

William Marrion Branham pour le Branham Tabernacle » circule sur internet. D'après le titre de ce document, le fonctionnement des offices qui y est décrit a été recommandé par William Marrion Branham pour le Branham Tabernacle. Mais l'introduction du document lui-même renseigne qu'il s'agissait des accords pris et rédigés pour éclairer les nouveaux membres de l'église sur le fonctionnement de chacune des offices établis dans le Branham Tabernacle.

Cette introduction est ainsi libellée : **FONCTIONNEMENT DES OFFICES DE L'EGLISE comme recommandé par LE REVEREND WILLIAM BRANHAM pour LE BRANHAM TABERNACLE**[3] PASTEUR Révérend William   Branham, PASTEUR ASSOCIE Révérend Armand Neville

I.3 ACCORDS ET FONCTIONNEMENT DES CHARGES

Les accords suivants et le fonctionnement des charges vigueur au Branham Tabernacle sont rédigés ci-dessous. C'est pour éclairer les membres actuels qui assistent maintenant au service d'adoration du Branham Tabernacle ; en ce qui concerne le fonctionnement propre à chaque charge. Afin qu'on puisse s'accorder comme un corps uni, ayant une compréhension de la position de chacun alors que nous travaillons ensemble à l'avancement du royaume de Dieu.

I.4 LA CHARGE DU PASTEUR

La charge du pasteur est de conduire et d'agir sur tout programme qu'il croit être en accord avec le plan de Dieu, en accord avec la parole de Dieu, pour le Branham Tabernacle. Il assumera l'autorité suprême et fera promouvoir le bienêtre spirituel de l'église. Il sera la tête du pasteur associé, du conseil des diacres, du conseil des administrateurs, et du corps de l'église elle-même. Il agira avec sagesse pour conduire les saints de Dieu, manifestant de l'amour envers tous les saints et leurs fardeaux. Il se conduira dans une soumission parfaite, selon ce que Dieu l'a appelé et l'a placé pour agir.

I.5 LA CHARGE DU PASTEUR ASSOCIE

Le pasteur associé du Branham Tabernacle, doit accomplir et conduire les missions du pasteur, en son absence. Il conduit les services d'adoration conformément à la manière de la doctrine que le Branham Tabernacle croit et pratique. Il sera investi de la même autorité que le pasteur, assumant toute responsabilité de l'église, et agissant avec pleine autorité pour garder l'église en ordre. Il doit manifester un profond intérêt pour tous les fardeaux des saints et accomplir la mission à laquelle Dieu l'a appelé, en

---

[3] https://www.scribd.com/document/74660284/Fonctionnement-Des offices-de-leglise.

tant que berger. Il rendra compte au pasteur, à différents moments, du progrès de l'Eglise, des affaires spirituelles actuelles, des problèmes urgents. Il ne se chargera d'aucune transaction financière sans avoir présenté premièrement au pasteur la transaction précise.

I.6 LA CHARGE DES ADMINISTRATEURS

Le groupe d'hommes, dirigera le bien-être de l'église comme un groupe d'affaire. Ils sont élus pour protéger l'église dans ses tâches financières, dans ses investissements financiers, dans la supervision de ses propriétés et dans ses dépenses. Ils vont forcément considérer pas à pas chaque mouvement du progrès qui inclut les fonds de l'église.

Car ils seront responsables de garder l'église hors Del 'endettement, et de garder les saints loin des fardeaux qui sont trop lourds à porter financièrement. En ce qui concerne la mise en œuvre de n'importe quel projet, quoi que ce soit, ils doivent présenter la chose au pasteur, être en consultation avec le pasteur, seul l'avis du pasteur est absolument nécessaire pour chaque projet financier dans lequel l'église désire investir ou s'engager.

I.7 LA CHARGE DES DIACRES

La charge des diacres, étant élus conformément à la Parole de Dieu et la façon du Branham Tabernacle, est d'agir en tant qu'assistants spirituels aux pasteurs. Ils doivent assister le pasteur dans toutes ses activités spirituelles. Ils sont libres de parler au pasteur pour lui présenter tout programme ou avantages qui béniraient le bien-être général et spirituel de l'église. Ils doivent être aptes à enseigner et prêt à assister le pasteur ou le pasteur associé dans tout domaine, s'il leur est demandé. Ils doivent aider à servir la communion. Ils feront offices d'huissiers dans toutes les réunions. Ils exerceront la fonction de policier, en maintenant la conduite et l'ordre civil. Ils aideront au prélèvement des offrandes locales. Ils prévoiront la marche spirituelle de l'église en travaillant avec le pasteur et les uns avec les autres sur des problèmes spirituels et les difficultés des saints. Ils seront prêts n'importe quand, à assister chaque saint dans le besoin, ayant un fardeau et ayant besoin d'une consultation spirituelle, ou du bienêtre général. Ils n'ont pas le droit d'agir dans un programme quelconque ou une promotion sans se mettre d'accord les uns avec les autres, les pasteurs, ou les administrateurs si le programme qu'ils envisagent d'accomplir engage les fonds de l'Eglise. Ils seront responsables devant Dieu de leur conduite et de la façon dont ils servent en accord avec la parole de Dieu. Ils ne tiendront aucune réunion entre eux sans que le pasteur ou le pasteur associé soit présent.

I.8 LA CHARGE DU TRESORIER

La responsabilité du trésorier est de fournir un décompte exact de l'état financier des fonds présents dans le trésor. Ce rapport doit être disponible pour le pasteur ou le conseil des administrateurs, sur leur demande du dit rapport. Aucune autre fonction dans l'église ne peut avoir accès à cette information. Il peut obtenir une telle information par le compte-rendu des administrateurs qui lui est donné par le trésorier.

Le trésorier participera à chaque réunion des administrateurs pour prendre notes et dresser le procès-verbal des actions engagées par le conseil des administrateurs. Il n'a aucune autorité de transmettre ou de faire connaître l'information de l'état financier à toute fonction en service dans l'église excepté au pasteur et au conseil des administrateurs. Il ne sera pas un conseiller dans les affaires spirituelles, il n'est pas nécessaire qu'il participe aux réunions des diacres. A moins que le pasteur le demande.

I.9 LA CHARGE DE SURINTENDANT DE L'ECOLE DU DIMANCHE

La charge du surintendant de l'école du dimanche est d'une importance vitale à l'église. Bien que ses obligations ne soient pas majeures, il est responsable du maintien des moniteurs et des fournitures relatives à l'enseignement dans les classes d'enfants. Il se chargera de désigner leurs salles aux moniteurs comme elles sont assignées. A l'absence d'un moniteur d'école du dimanche, il désignera un autre moniteur pour prendre la place de celui qui est absent de son poste de devoir.

Il veillera attentivement à ce que les éléments du temps de début et de fin des classes n'interfèrent pas avec le service d'adoration. Il présentera les besoins en fourniture de l'école du dimanche au conseil des administrateurs, qui le conseilleront concernant les fonds nécessaires pour ces fournitures. Il ne dirigera pas les moniteurs eux-mêmes, il les enverra seulement à leurs classes. Il n'entreprendra aucun programme sans consulter le pasteur, pour le département de l'école du Dimanche. Il n'a pas besoin de siéger aux réunions des diacres, ni aux réunions des administrateurs. Il est dégagé de toute responsabilité appartenant à un diacre ou un administrateur, de façon à ce que tout son temps soit donné pour superviser l'école du Dimanche, avec un intérêt dévoué.

I.10 LA CHARGE DU PROGRAMME DE MUSIQUE

Le programme de musique et tout ordre appartenant au développement d'un tel programme est sous la supervision du pasteur seulement, et celle du pasteur associé. Les pasteurs vont à tout moment conseiller et conduire le programme durant les services réguliers, les réunions spéciales, ou les réveils. Pour l'achat de n'importe quel instrument de musique, le conseil d'administration conseillera et le pasteur en sera consulté.

Toutes suggestions pour le programme de musique émises par les saints, les diacres, ou par de telles parties intéressées devraient être présentées au pasteur, qu'il recevra bien, et conseillera sur les suggestions. Il est préférable que le pasteur contrôle ce programme, comme il est le conducteur du service d'adoration, et toute confiance est placée sur sa capacité à conduire l'église dans l'adoration qui plaît le plus à Dieu. Les programmes de musique, les services de témoignages, les recommandations de parties variées, les rapports à l'église par les charges variées, ou tout programme qui intervient durant le temps d'adoration devraient être sous la supervision des pasteurs.

NOTRE AVIS

Rien dans cette introduction ne montre que ce fonctionnement était une révélation que William Marrion Branham avait reçu de Dieu, ou une interprétation des passages de la Bible selon la compréhension de William Marrion Branham. Au contraire, nous apprenons de ce document, qu'il tire son origine des arrangements conclus entre les responsables du Branham Tabernacle sur la marche et le fonctionnement des offices établies dans cette église. Malgré le fait que, d'après ce document, il ne s'agissait que des accords pris dans le Branham Tabernacle et pour le Branham Tabernacle et qu'il ne s'agissait pas d'une interprétation de la Bible reçue de Dieu par William Marrion Branham, la quasi-totalité des églises se réclamant du Message de William Marrion Branham en ont fait un canon, une norme, et lui ont donné une valeur supérieure aussi bien à la Bible qu'à l'enseignement apporté conformément à la Bible sur ce point par William Marrion Branham. Et pourtant, les accords que donne ce document sont totalement en désaccord avec l'enseignement de la Parole de Dieu apporté par le prophète William Marrion Branham conformément à la Bible, comme nous le montrons ci-après. D'après ce document sur le fonctionnement des offices dans le Branham Tabernacle, les responsables de l'église se sont accordés comme suit sur le rapport entre le pasteur et son associé :

« Il [le pasteur frère Branham] sera la tête du pasteur associé [frère Neuville], du conseil des diacres, du conseil des administrateurs, et du corps de l'église elle-même. » Le pasteur associé, à la tête duquel ces accords placent le pasteur, est un ancien de l'église ; il s'agit du frère Neville. William Branham lui-même confirme dans la citation suivante le fait que frère Neville était un ancien de l'église Branham Tabernacle : « Que signifie le terme ancien ? « J'ai noté ici toutes sortes de définitions que nous allons examiner prochainement. Ancien signifie : chef de la ville, chef de la tribu. Un ancien, c'est le chef Par exemple, frère Neville est un ancien de cette église-ci. Qu'est-ce qu'il fait ? Il est la tête de ce corps local.

Le maire de la ville est l'ancien de la ville. Vous souvenez-vous des anciens de la ville dans les temps bibliques ? L'ancien est la tête de la ville ou le chef de la tribu. » (« Les 24 anciens » apportée le 1 er janvier 1961, au paragraphe 292)4 Ces accords placent donc le pasteur Branham à la tête de l'ancien de l'église, le frère Neville. Cet ordre ainsi établi par ces accords était totalement contraire à l'enseignement de la Parole de Dieu apporté par William Branham lui-même conformément à sa compréhension des Saintes Ecritures. En effet, selon l'enseignement des Saintes Ecritures donné par William Marrion Branham, dans l'église apostolique et dans la Bible, en dehors du Saint-Esprit, il n'y avait personne au-dessus d'un ancien d'une église locale ; l'ancien local était la personne la plus élevée dans l'église locale en dehors du Saint-Esprit.

Comme nous allons le voir par les citations ci-dessous tirées des prédications de frère Branham, ce dernier a, sur base de cet enseignement selon lequel l'ancien était la personne la plus élevée dans l'Eglise apostolique en dehors du Saint-Esprit, soutenu qu'il n'était pas un ancien supérieur à l'ancien Neville, qu'il n'avait ainsi rien à voir avec ce que le frère Neville faisait dans cette église et que seule, l'église, par un vote général, pouvait décider de ce que le frère Neville faisait. Citations : «26 Mais je crois dans l'autorité suprême de l'assemblée locale. Oui, que chaque église soit maître d'elle-même, choisisse ses pasteurs, ses diacres, ses... quoi que ce soit. Et alors, de cette manière, l'homme, là, n'a pas d'évêque au-dessus de lui. Si le Saint-Esprit veut dire quelque chose à cette église, ils ne doivent pas demander à qui que ce soit s'ils peuvent faire ceci ou faire cela. C'est l'individu en contact avec le Saint-Esprit. Montrez-moi dans la Bible ce qui est plus grand dans la Bible qu'un ancien local pour une église locale ? C'est vrai. Oui monsieur, la souveraineté de l'église locale, chaque église pour elle-même.

Maintenant, la fraternité, tous ensembles. Mais il y a la souveraineté de l'église locale. » (« Hébreux Chapitres 5 et 6 première partie »)5 Pour frère Branham, d'après sa compréhension de la Bible, il n'y a rien de plus grand dans la Bible qu'un ancien local pour une église locale. D'après cette compréhension, cet ancien local n'a pas un évêque au-dessus de lui. Seul le Saint-Esprit est au-dessus de lui et le guide. Et pourtant, s'opposant à cet enseignement tiré de la Bible donné par William Branham,

---

4 William Branham dans son sermon Les 24 anciens » apportée le 1 er janvier 1961, au paragraphe 292
5 William Branham dans son sermon intituler Hébreux Chapitres 5 et 6 première partie

les accords de fonctionnement des offices du Branham Tabernacle placent William Branham (un ancien, un pasteur ou un évêque) au-dessus d'un autre ancien de l'église locale, le frère Neville. Rappelant le même enseignement donné ci-dessus, William Branham, dans la citation suivante, va jusqu' à illustrer cet enseignement par la relation qui existait entre lui (un ancien de l'église) et frère Neville (un autre ancien de l'église), en montrant qu'il n'était pas au-dessus de frère Neville. «282 Mais la pleine et complète autorité de l'église est le pasteur.

Lisez cela dans la Bible et voyez si cela n'est pas l'ordre Biblique. C'est exactement vrai. Il n'y a personne au-dessus de l'ancien. Je n'ai rien à voir avec ce que le Frère Neville fait ici. Cela dépend de vous et du Frère Neville. Si le Frère Neville voulait prêcher la doctrine des Témoins de Jéhovah, cela dépend de lui et de vous. Voyez-vous ? S'il voulait prêcher tout ce qu'il veut, c'est quelque chose entre vous et lui. C'est tout. Si la congrégation vote pour lui pour prêcher cela, c'est très bien ! Cela le regarde. » (« Hébreux chapitre 7 deuxième partie ») Ici, non seulement William Branham réaffirme sa compréhension de la Bible selon laquelle il n'y avait personne au-dessus des anciens des églises locales fondées par les apôtres, mais frère Branham va plus loin, comme nous l'avons dit, pour montrer le respect de cet enseignement dans le fait que lui-même n'était pas supérieur à frère Neville et qu'il n'avait rien à voir avec ce que frère Neville faisait dans cette église.

Dans la prédication « Ordre de l'église » de 1958, le prophète Branham réaffirme le même enseignement en ces termes : «59 Le pasteur doit donc dire à cette personne de s'asseoir et demander aux gens d'être respectueux et de rester à leurs places. Le pasteur doit être un homme ayant une attitude très humble à l'égard de cette personne, mais pas trop humble. Il devrait par contre être comme le Seigneur Jésus-Christ qui, lorsqu'il vit le mal se commettre dans l'église, tressa les cordes et les chassa de l'église. Et maintenant, l'église de Dieu est le lieu le plus élevé du jugement et le pasteur est l'ordre le plus élevé dans l'église. En dehors du Saint-Esprit, l'ancien est la personne la plus élevée dans l'église apostolique. Le Saint-Esprit apporte directement Son Message à l'ancien, et l'ancien Le donne au peuple. » (« Ordre de l'église » de 1958) Le frère Neville était cet ancien au-dessus duquel il n'y avait personne d'autre que le Saint-Esprit.

C'est ce que confirme William Marrion Branham au paragraphe 62 de la même prédication : «62. Maintenant, je m'adresse cette fois-ci au pasteur, à notre Frère Neville. Souvenez-vous qu'il a l'autorité absolue sur l'église. Frère Neville à le pouvoir d'exercer toute l'autorité que le Saint-Esprit voudrait, en d'autres termes, tout ce que le Saint-Esprit le conduirait à dire. Il a dans l'église le droit de faire tout ce que Dieu le conduirait à faire. Il a aussi des droits sur son conseil de diacres. Il peut changer le conseil de diacres, celui d'administrateurs ou-ou le pianiste, ou tout autre office qu'il désire changer dans l'église, tant qu'il se sent conduit par le Saint-Esprit d'agir ainsi. Et moi, j'approuverai tout ce qu'il fera, étant donné qu'il est (et je le crois) un homme de Dieu.

Je reconnaîtrai cela comme venant du Seigneur, et j'approuverai la même chose, et par conséquent, cela lui donne le pouvoir de conduire l'église de la manière qu'il se sent conduit à le faire. Maintenant, ou bien tout office dans l'église pour lequel il désire changer la fonction des gens, il a le pouvoir de le faire. J'ai confiance que ceci sera toujours fait dans l'amour et qu'on n'en fera jamais un mauvais usage. » Non seulement frère Neville avait l'autorité de faire tout ce que le Saint-Esprit le conduirait à faire en l'absence de frère Branham comme ce dernier le dit à l'introduction de cette prédication, mais voici qu'au paragraphe 62 de la même prédication, William Marrion Branham ne dit pas que c'était seulement en son absence, il en parle maintenant au présent, confirmant qu'en ce moment-là, pendant que lui-même frère Branham était présent, frère Neville avait l'autorité absolu, le pouvoir d'exercer tout ce que le Saint-Esprit le conduirait à faire.

Donc, au-dessus de frère Neville, que ce soit en l'absence ou en présence de frère Branham, il n'y avait que le Saint-Esprit. C'est ce que frère Branham nous confirme une fois de plus dans la citation suivante : «523 Et maintenant, Frère Neville, il se peut que je je Là, j'ai appris que c'est seulement un trajet d'environ neuf cent quelques milles [1 500 km] pour me rendre là-bas ; je ne vais pas partir avant lundi matin. Mais je veux être ici dimanche, pour l'école du dimanche, je viens comme ton invité, pour t écouter prêcher, tu vois, dimanche. Tu vois ? Mais Eh bien, frère, oui, frère. Frère Neville, voici la raison, frère. Je suis Je t'aime, et tu as toujours été très attentionné, m offrant la chaire tout comme si comme si j'étais un ancien supérieur à toi, ou quelque chose du genre.

Mais je n'ai jamais eu ce sentiment-là, Frère Neville. Mon sentiment était que nous sommes frères. » (« Questions et Réponses » du 12 janvier 1961)6 Cette dernière citation donnée devrait arrêter toute spéculation sur l'enseignement de frère Branham sur cette question de sa prééminence sur frère Neville suscitée par les accords sur le fonctionnement des offices du Branham Tabernacle que nous disposons. Alors que frère Neville avait toujours agit comme si le frère Branham était un ancien supérieur à lui, frère Branham corrige cela en montrant que cela n'a jamais été sa compréhension,

---

⁶ William branham dans Questions et Réponses » du 12 janvier 1961)

mais que sa compréhension était qu'ils étaient égaux. Si la prééminence de frère Branham sur le frère Neville prônée dans ces accords n'était pas conforme à la compréhension qu'avait le frère Branham de la Bible, il est donc clair et net que les termes de ces accords ne sont ni conformes à la Bible ni conformes au Message du temps de la fin qui nous apprennent que personne n'était établi au-dessus des anciens locaux établis par les apôtres dans les églises qu'ils avaient fondées. Cet enseignement apporté par William Marrion Branham et contredit par les accords est totalement conforme aux Saintes Ecritures, à la Bible.

En effet, chaque fois que les anciens étaient établis dans les églises locales, ils étaient recommandés directement à Dieu et non aux soins d'un certain évêque qui leur serait supérieur. C'est ce que nous trouvons dans : Actes 14 : 23[7] « Ils firent nommer des anciens dans chaque Église, et, après avoir prié et jeûné, ils les recommandèrent au Seigneur, en qui ils avaient cru. » ; Actes 20[8] : « Prenez donc garde à vous-mêmes, et à tout le troupeau sur lequel le Saint- Esprit vous a établis évêques, pour paître l'église du Seigneur, qu'il s'est acquise par son propre sang. Je sais qu'il s'introduira parmi vous, après mon départ, des loups cruels qui n'épargneront pas le troupeau, et qu'il s'élèvera du milieu de vous des hommes qui enseigneront des choses pernicieuses, pour entraîner les disciples après eux. Veillez donc, vous souvenant que, durant trois années, je n'ai cessé nuit et jour d'exhorter avec larmes chacun de vous. Et maintenant je vous recommande à Dieu et à la parole de sa grâce, à celui qui peut édifier et donner l'héritage avec tous les sanctifiés. » ; Le verbe « recommander » utilisé par la version Second dans ces passages c'est le verbe « confier » comme le rendent les versions du Semeur et de Jérusalem.

S'il avait été placé quelqu'un de plus élevé que les anciens, en dehors du Seigneur, ceux-ci lui auraient été confiés. Le fait qu'ils soient recommandés directement aux soins du Seigneur, prouve qu'il n'y avait personne d établi au-dessus d'eux en dehors du Seigneur. D'ailleurs, le passage suivant tiré de la première épître de Pierre met fin à ce débat «Voici les exhortations que j'adresse aux anciens qui sont parmi vous, moi ancien comme eux, témoin des souffrances de Christ, et participant de la gloire qui doit être manifestée : Paissez le troupeau de Dieu qui est sous votre garde, non par contrainte, mais volontairement, selon Dieu ; non pour un gain sordide, mais avec dévouement ; non comme dominant sur ceux qui vous sont échus en partage, mais en étant les modèles du troupeau.

---

[7] http://goo.gl/rb4sW la sainte bible lsv for android
[8] http://goo.gl/rb4sW la sainte bible lsv for android

Et lorsque le souverain pasteur paraîtra, vous obtiendrez la couronne incorruptible de la gloire. » (I Pierre 5 : 1-4)9 Le Souverain Pasteur, c'est-à-dire le Chef des pasteurs (comme les versions de Jérusalem et du Semeur le rendent) ou le Pasteur en chef (version du monde nouveau), c'est le Seigneur Jésus lui-même. Et les pasteurs dont Il est le chef sont ces anciens que Pierre exhorte de paître le troupeau qui est sous leur garde (troupeau dont ils sont évêques, le mot grec traduit par « sous la garde » étant EPISCOPOUNTES). Placer donc quelqu'un à la tête des anciens locaux, c'est lui donner le titre de chef des de chef des pasteurs et, donc, lui donner la place du Seigneur Jésus-Christ.

C'est cela que la Bible appelle nicolaïsme (Apocalypse 2 : 6, 15),10 le fait de conquérir les laïcs (l'église), en détrônant le Seigneur Jésus Christ pour mettre quelqu'un d'autre à sa place. L'enseignement de William Marrion Branham sur le fait que personne, en dehors du Saint-Esprit, n'était établi au-dessus des anciens locaux, est un enseignement véridique et conforme à la Bible. Les accords sur le fonctionnement des offices du Branham Tabernacle sont donc contraires à la Bible et au Message du temps de la fin.

I.11 L'ESPRIT NICOLAITE

L'esprit Nicolaïte fait référence à un groupe ou à une doctrine

Mentionnée dans le Nouveau Testament, plus précisément dans le Livre de l'Apocalypse (ou Révélation) attribué à l'apôtre Jean. La mention des Nicolaïtes se trouve dans le chapitre 2, versets 6 et 15, où il est fait allusion à leur doctrine et à leurs pratiques.

L'origine exacte de l'esprit Nicolaïte n'est pas clairement établie, mais il est généralement interprété comme une référence à un groupe ou à des individus qui enseignaient des doctrines ou pratiques contraires à l'enseignement de Jésus, et des premiers apôtres. Certains théologiens pensent que les Nicolaïtes étaient peut-être un groupe hérétique ou dissident au sein des premières communautés chrétiennes.

Le nom "Nicolaïtes" pourrait être dérivé du nom "Nicolas", qui pourrait être une référence à un personnage spécifique associé à ce groupe ou à ses enseignements. Cependant, les détails sur l'identité et les croyances précises des Nicolaïtes sont limités

---

[9] http://goo.gl/rb4sW la sainte bible lsv for android
[10] http://goo.gl/rb4sW la sainte bible lsv for android

dans les textes bibliques, ce qui rend difficile une compréhension claire de leur origine et de leur nature exacte.

Dans le Livre de l'Apocalypse, l'esprit Nicolaïte est critiqué pour ses pratiques immorales ou ses compromis avec les normes éthiques chrétiennes. Les lettres aux Églises d'Éphèse et de Pergame mettent en garde contre l'influence des Nicolaïtes et exhortent les fidèles à rester fidèles à l'enseignement de Jésus et à rejeter les pratiques déviantes.

En conclusion, l'esprit Nicolaïte est associé à des enseignements ou des pratiques contraires à la foi chrétienne orthodoxe, mais les détails précis sur leur origine et leurs croyances restent confuses. La critique de l'esprit Nicolaïte dans le Livre de l'Apocalypse souligne l'importance de demeurer fidèle à l'enseignement de Jésus et de rejeter toute forme d'hérésie ou de compromis moral au sein de la communauté chrétienne. Le prophète de Dieu William en parle dans plusieurs de ses sermons que nous allons voir ci-dessous. Voici ce que dit le prophète de Dieu William Marion Branham à ce propos

EXPOSE DE SEPT AGES DE L'EGLISE—AGE D'EPHESE [11]

Même la religion d'Éphèse est un type parfait de ce premier âge de l'Église, et elle donne le ton pour les âges à venir. En premier lieu, le magnifique temple de Diane, qu'on avait mis tant d'années à bâtir, renfermait dans ses enceintes sacrées une statue de Diane des plus ternes et banales. Cette statue était tout à fait différente de celles qu'on trouvait dans les autres temples dédiés à cette divinité. Elle était constituée d'une figure féminine informe dont la partie inférieure se fondait dans le bloc de bois duquel elle était taillée.

Ses deux bras n'étaient rien d'autre que deux barres de fer. Comme ceci représente parfaitement l'esprit de l'antéchrist qui a été relâché dans le premier âge ! Il avait été relâché parmi les gens, mais il ne revêtait pas une forme qui aurait pu les alarmer. Pourtant, les deux barres de fer qui constituaient les bras montraient que son intention était d'écraser l'œuvre de Dieu par le biais de ses incursions. Et personne ne semblait le remarquer, ni lui, ni ce qu'il faisait. Mais un jour, ils allaient le remarquer,

---

[11]William Branham dans son sermon expose de sept âges de l'église—Age d'Ephese (la ville d'Éphèse)

quand il allait utiliser ces bras de fer pour faire de ses "œuvres" une "doctrine", doctrine qui allait devenir la loi d'un empire.

La façon dont était organisé le service du temple est aussi très révélatrice. D'abord, il y avait des prêtres, qui étaient des eunuques. Cette prêtrise stérile préfigurait la stérilité d'un peuple qui s'éloignerait de la Parole, car un peuple qui prétend connaître Dieu en dehors de la Parole est tout aussi dépourvu de vie qu'un eunuque stérile. Deuxièmement, le temple renfermait les prêtresses vierges qui accomplissaient les actes religieux du temple. Ceci annonçait le jour où les cérémonies et les formes, les rituels et les œuvres prendraient la place du Saint-Esprit, et où les manifestations charismatiques cesseraient de remplir le temple de Dieu.

Au-dessus de tous ceux-ci se trouvait le grand-prêtre, un homme doté d'un pouvoir politique et d'une grande influence ; c'était là le signe d'un processus qui avait déjà commencé, même s'il n'était pas encore clairement manifesté : l'Église ne tarderait pas à être livrée à la conduite de l'homme, avec des plans humains et des ambitions humaines, et l'"ainsi dit le Saint-Esprit" cesserait d'être une réalité vivante. Soumis à tous ces personnages se trouvaient les esclaves du temple, qui n'avaient d'autre choix que d'obéir à la hiérarchie religieuse. Qu'est-ce que cela signifie, sinon que le clergé en place allait un jour réduire en esclavage les laïques au moyen de manœuvres politiques, avec l'aide de l'État, et en remplaçant la Parole et l'Esprit par des crédos, des dogmes et la conduite des hommes, pendant que les dirigeants se prélasseraient dans une richesse mal acquise et jouiraient de plaisirs souillés, et que les pauvres gens du peuple qui -- selon Dieu -- devaient être servis, deviendraient les serviteurs.

EXPOSE DE SEPT AGE DE L'EGLISE—Page 189[12]

Le nicolaïsme détruit ces préceptes en séparant les ministres du culte d'avec les gens, et en donnant aux conducteurs une place de dominateurs, au lieu d'une place de serviteurs. En fait, cette doctrine avait pris naissance dans le premier âge sous forme d'œuvre. Il apparaît que le problème provenait de deux termes : ''anciens'' (presbytes), et ''surveillants'' (évêques). Bien que l'Ecriture montre qu'il y a plusieurs anciens dans chaque église, certains dont Ignace se mirent à enseigner que le rôle de l'évêque était d'avoir la prééminence, c'est à dire l'autorité et la haute main sur les anciens.

---

[12] William branham dans son sermon expose de sept Age de l'église—page 189(la doctrine des nicolaïtes)vgr

Or, en fait, le mot ''ancien'' se rapporte à la personne elle-même, alors que le mot ''évêque'' se rapporte à la fonction remplie par l'homme en question. ''Ancien'' a toujours désigné et désignera toujours l'âge qu'un homme a dans le Seigneur. Il est un ancien, non parce qu'il est élu, ordonné, etc…... mais parce qu'il est plus ancien. Il est plus mur, mieux exercé, ce n'est pas un novice ; il est digne de confiance à cause de son expérience et d'une expérience chrétienne éprouvée par le temps. Mais, non, les évêques ne s'en sont pas tenus aux épîtres de Paul, mais ils se sont référés au récit que Paul fait de la fois où il avait appelé les anciens d'Ephèse à Milet dans Actes 20. Au verset 17, le récit déclare qu'il avait envoyé chercher les ''anciens'', puis, au verset 28, ils sont appelés surveillants (évêques).

Et ces évêques sans aucun doute animés d'arrière-pensées politiques et avides de pouvoir affirmaient avec insistance que Paul avait voulu dire que les ''surveillants'' étaient plus que l'ancien local, dont la compétence officielle était limitée au cadre de sa propre église. Pour eux, un évêque était maintenant quelqu'un dont l'autorité s'étendait à plusieurs conducteurs spirituels locaux. Ce concept n'était conforme ni à l'Ecriture ni à l'histoire, et pourtant, même un homme de l'envergure de Polycarpe penchait vers ce genre d'organisation. Ainsi, ce qui avait commencé sous forme d'œuvre dans le premier âge est devenu une doctrine au vrai sens du terme, et l'est resté jusqu'aujourd'hui. Les évêques revendiquent toujours le pouvoir de contrôler les hommes et de faire d'eux ce qu'ils veulent, en les plaçant là où bon leur semble pour leur ministère. C'est renier la conduite du Saint- Esprit, qui a dit : ''Mettez-moi Paul et Barnabas à part pour l'œuvre à laquelle Je les ai appelés.''

LE SEUL LIEU D'ADORATION AUQUEL DIEU AIT POURVU –28.11.1965 (Life Tab. Shr. La, U.S.A.) [13]

§148 Avez-vous remarqué ce qui se passa trois ans après qu'une grande Série de réunions a eu lieu ? Une nouvelle dénomination prend naissance ! Maintenant, vingt ans ont passé, et il n'y a pas eu de nouvelle dénomination ! Oh, cher Agneau de Dieu immolé, puisse cela ne jamais arriver ! Si je m'en vais dans cette génération, puissent les gens qui croient à ce message ne jamais s'arrêter pour faire une dénomination ! Vous mouriez dans votre voie ! Ne l'oubliez jamais ! A l'heure même où vous aurez la pensée de créer une dénomination parmi vous, peu importe à quel point vous êtes sincères, à l'instant même où vous prendrez pour chef un homme, au lieu du Saint-Esprit, pour confirmer cette parole, à cette heure même vous mourez ! La véritable semence ne pourra pas faire cela, parce qu'il ne reste rien après la semence : elle est la

---

[13]William branham dans son sermon le seul lieu d'adoration auquel dieu ait pourvu –28.11.1965 (u.s.a.)

même chose que ce qui était au commencement. C'est l'Epouse qui est tombée dans la terre afin de faire sortir le nouveau grain de blé.

LA CLE POUR LA PORTE – 07.10.1962 (Jeff. Ind. U.S.A.) [14]

§8 Vous avez tous voté à 100% pour cela, alors nous avons tenu à cela, voyez-vous ? L'église est souveraine. Ce que dit l'église, c'est cela qui tient. Administrateur ou quoi que ce soit d'autre, les administrateurs ou chacun d'eux a une voix, chacun d'eux. Le pasteur a seulement une voix ; c'est l'église. C'est la démocratie de l'église, la souveraineté de l'église. L'église en entier parle et c'est tout. Et nous aimons cela parce que nous n'avons pas d'évêque ou de hiérarchie ou de surveillant et ainsi de suite pour nous dire ceci ou quoi d'autre. C'est le Saint-Esprit dans l'église qui parle. Et j'aime ce règlement et c'est très bien.

HEBREUX CHAPITRE 5 ET 6,1ère PARTIE, 08.09.1957 (Jeff Ind. U.S.A.) [15]

§24 Ainsi, lorsque Paul… Dieu a choisi Paul. Les hommes ont choisi Matthias. Lorsqu'il… On a tiré au sort, mais il n'a jamais rien fait. Cela montre donc quelle autorité l'église a, de faire un choix, d'élire ses diacres, et d'envoyer ses prédicateurs à divers endroits ! Cela est souvent charnel.

§26 Mais je crois dans l'autorité suprême de l'assemblée locale. Oui, que chaque église soit indépendante, qu'elle choisisse ses pasteurs, ses diacres, ses… quoi que ce soit. Et ainsi donc, l'homme qui est là n'a pas d'évêque au-dessus de lui. Si le Saint-Esprit veut dire quelque chose à cette église – ils ne doivent demander à qui que ce soit s'ils peuvent faire cela. C'est l'individu en contact avec le Saint-Esprit. Montrez-moi dans la Bible, ce qui est plus grand dans la Bible qu'un ancien local pour une église locale ? C'est vrai. Oui, monsieur, la souveraineté de l'église locale, chaque église en soi…. Maintenant, la fraternité, c'est merveilleux ! Toutes les églises devraient être dans une pareille fraternité, tous ensembles. Mais la souveraineté de l'église locale….

LA DIVINITE EXPLIQUEE—25.04.1961 (Holiday, Inn, Chicago Il U.S.A.) [16]

§51 Et, mais quand j'ai quitté l'église baptiste ; qui est la seule église où je ne sois jamais entré, ou dans laquelle j'aie été ordonné. Et j'ai été ordonné en 1933, dans

---

[14] William Branham dans son sermon la cle pour la porte – 07.10.1962 (Jeff. ind. u.s.a.)

[15] William branham dans son sermon hébreux chapitre 5 et 6,1ère partie, 08.09.1957 (jeff ind. u.s.a.)

[16] William branham dans son sermon la divinite applique—25.04.1961 (holiday, inn, Chicago

l'église baptiste missionnaire, à Jeffersonville, dans l'Indiana. C'est un – un … c'est un membre de la Southern Baptist Convention. Alors nous, à ce moment-là, je … quand je suis sorti et que….

§52 Maintenant, l'église baptiste est une église souveraine. Nous –nous savons tout ça, que c'est une – c'est une … Vous pouvez prêcher à peu près tout ce que vous voulez, si votre assemblée l'accepte. Ils… Vous prêchez ce que vous désirez.

§53 Et j'aime ça, vous voyez, parce que je crois que c'est apostolique. En effet, le chef, l'ordre le plus élevé de l'église, c'est le berger, nous comprenons ça, le pasteur. Et- et si le – le … Si un évêque ou quelqu'un d'autre est là pour ôter au pasteur sa révélation, alors comment Dieu pourrait-il jamais agir dans son église ? Vous voyez, on n'y arrive pas, c'est tout. Alors et j'ai…

L'ORDINATION DES DIACRES-20.07.1958 (Jeff. Ind ; U.S.A.) [17]

§1 Et voilà, la première chose est le placement des diacres dans l'église. Et notre petite église ici est souveraine. Elle n'a ni dénomination ni rien qui lui envoie ses diacres ; elle élit ses propres diacres, elle élit son pasteur, elle élit ses administrateurs, elle élit tout ce qui entre dans l'église et tout ce qui en sort. Personne n'a le dernier mot sur quoi que ce soit ; cela revient à l'église. Et l'église, ce sont ceux qui viennent et qui supportent l'église par leur présence, par leurs dîmes et leurs offrandes ; ce sont toujours eux qui ont le droit de dire un mot dans de tels placements.

§12 C'est la souveraineté et la loi de l'église selon la Parole de Dieu. Et ainsi, cela- on ne peut tout simplement pas dire : ''Je pense que cet homme serait l'homme qui convient'', ou '' Frère Neville pense que cet homme serait l'homme qu'il faut'', ce n'est pas ça. Cela doit être fait par l'église : Ici, personne ne fait rien de lui-même. C'est le vote de l'église. C'est une église souveraine.

HEBREUX CHAPITRE SEPT 2ème PARTIE –15.09.1957 (Jeff. Ind. U.S.A.) [18]

§276 Et, à propos, pendant que je parle : quelqu'un dans… se trouvant quelque part autour de ce pays, il a tort en écrivant certaines cartes pour faire partir frère Branham de la chaire. Vous devez arranger cela avec moi. Uh- huh, c'est vrai. Uh-huh, oui en effet. Maintenant, je veux que vous… Cela disait que les dia… quelque chose

---

[17] William branham dans son sermon l'ordination des diacres-20.07.1958 (Jeff. ind ; u.s.a.)
[18] William branham dans son sermon hébreux chapitre sept 2ème partie –15.09.1957 (Jeff. ind. U.S.A.)

touchant le comité des diacres. Le comité des diacres n'a même pas une seule chose à faire avec le pasteur. Non monsieur ! La congrégation, en son ensemble et a toute l'autorité. Ce n'est pas… le comité des diacres, ce ne sont que des policiers ici dans l'église, rien que pour l'ordre et tout le reste. Mais quand on en arrive aux règlements, l'église tout entière a un mot à dire.

Cette église-ci est fondée sur la souveraineté de l'église. Donc, moi, je n'ai rien à dire dans le cas où il faudrait changer ce pasteur-ci ou mettre un autre. Moi, je possède la propriété, et cela est donné à l'église. Vous tous, vous êtes l'église ; c'est vous le peuple qui contrôlez. Vous êtes l'église vous-mêmes. Et l'Eglise, l'Eglise de Dieu tout entier, c'est Elle la souveraineté, ou le Saint-Esprit plutôt dans cette église-là. Et l'unique chose que je fais, c'est de posséder la propriété, la remettre à cette église comme une… la remettre pour une église, et cela est une contribution libre.

Et l'église élit ses propres pasteurs, et moi, je n'ai rien à faire avec cela. Et l'unique façon dont ce pasteur ne pourrait jamais quitter ce serait que le pasteur prenne lui-même la décision de quitter ou si la majorité des votes de l'église devait dire : ''Changer le pasteur.'' Et c'est cela l'unique façon, et aucun comité des diacres ne peut le faire. Le comité des diacres n'est là que pour le maintien de l'ordre et tout le reste dans l'église.

§282 Mais l'autorité full et complète de l'église, c'est le pasteur. Lisez cela dans la Bible, et voyez si ce n'est pas l'ordre de la Bible. C'est l'exacte vérité. Il n'y a personne au-dessus de l'ancien. Mais, je n'ai rien à faire avec ce que frère Neville fait ici. Cela vous concerne, vous et frère Neville. Si frère Neville voulait prêcher la doctrine des témoins de Jéhovah, cela est l'affaire entre lui et vous.

Vous voyez ? S'il voulait prêcher n'importe quoi qu'il veuille, cela est entre vous et lui. C'est tout. Si la congrégation vote pour lui, afin qu'il prêche cela, c'est très bien. Cela le regarde.

§289 Et si la congrégation vote : « Pardonnez-lui, et laissez-le continuer », c'est là la façon dont cela doit tenir debout. Vous voyez ? Cela… N'est-ce pas là la manière assez bonne pour diriger une église ? C'est cela que la Bible a dit. Nous n'avons pas d'évêque, ni de surveillants, ni de comité et tout le reste, pour introduire celui-ci pour qu'il ait beaucoup d'autorité. Ici personne n'a de l'autorité, si ce n'est le Saint-Esprit. Et c'est vrai. C'est Lui qui opère le changement. Et nous Le considérons comme la majorité du peuple, la façon dont le peuple avance.

LE NOM DE JESUS – 28.09.1958 (JEFF. IND. USA) [19]

§186 Et cette église est souveraine. Il n'y a pas de comité d'administrateurs ou de diacres pour vous dire ce que vous devez faire. Cette église, par un vote général, vous dira ce qu'il faut faire. C'est l'exacte vérité. S'il y a une décision…

§187 Si vous n'aimez pas votre pasteur et qu'il y ait deux ou trois personnes qui aient quelque chose contre le pasteur, ils ne pourront pas se lever contre lui ! S'il y a des diacres ou des administrateurs, ils n'auront… peu importe la fonction qu'ils remplissent ici ils n'ont qu'une seule voix, c'est tout ! Si c'est l'assistant du pasteur, il n'a qu'une seule voix. Il est juste comme le membre laïc assis-là, et le vote général de l'assemblée décide de la situation. Et c'est juste. C'est- c'est juste. Ce n'est pas le pasteur qui mettra l'équipe de diacres à la porte. C'est l'église qui, dans un vote général, le décidera.

§188 Elle est souveraine d'elle-même. Nous n'avons pas d'évêques ; nous n'avons pas de superintendant. Nous avons Jésus ! Amen ! Il est l'évêque. Il est le superintendant. Il est le pasteur en chef. Il est le Roi. Il est le Seigneur. Il est le Guérisseur. Il est tout et tout. Et nous, nous sommes seulement Ses sujets marchant dans la Lumière. Amen !

UN SUPER SENS –27.12.1959 (Jeff. Ind. U.S.A.) [20]

§16 C'est officiel, aussi longtemps que l'église… Dans notre église, l'église est souveraine. L'église déplace ou désigne un administrateur, l'église remplace le pasteur ou désigne le pasteur, quoi que ce soit. C'est l'église dans tout. C'est apostolique. C'est ainsi qu'on faisait dans les temps bibliques.

Nous ressentons qu'ainsi aucune personne n'est dictateur ou quelque chose comme cela dans l'église. Nous ne voulons pas cela. Chaque homme, chaque individu, moi-même, en votant pour quelqu'un, nous n'avons qu'un vote, tout comme n'importe quelle personne de l'église ici, seulement un vote. Ce n'est pas ce que je dis ; c'est ce que l'église dit, voyez-vous, ce que l'église dans le corps dit. N'aimez-vous pas cela ? [La congrégation dit : ''Amen'' Ed] Oh ! Je pense que c'est scripturaire. C'est ainsi que ça devrait être.

---

[19] William Branham dans son sermon le nom de jésus –28.09.1958 (Jeff. ind. u.s.a.)
[20] William Branham dans son sermon un super sens –27.12.1959 (jeff. ind. u.s.a.)

POURQUOI NOUS NE SOMMES PAS UNE DENOMINATION OU LA GRANDE PROSTITUEE —27.09.1958 (Jeff. Ind. U.S.A.) [21]

§16 Cependant, nous sommes une organisation. Nous sommes une organisation enregistrée comme telle, ici auprès des autorités. Un groupe de gens organisé ensemble pour adorer Christ, mais nous ne sommes pas dans une dénomination. PERSONNE NE DOMINERA SUR NOUS. VOYEZ-VOUS ? Ce n'est pas une dénomination. C'est simplement une organisation fraternelle des croyants chrétiens. Les gens viennent ici à l'église et cela devient LEUR église. S'ils désirent venir durant toute leur vie…

QUESTIONS ET REPONSES N° 3—30.08.1964 matin (Jeff . Ind. U.S.A.) [22]

§106 Les baptistes, les presbytériens, les unitaires et tous les autres sont dans ce filet où un groupe d 'hommes se réunit et raisonne à propos de cela. Et un homme a beaucoup de prestige. Voici un évêque qui se tient ici, un surveillant général ; si lui dit quelque chose, que va dire l'homme de moindre importance ? Il a peur de dire quoi que ce soit. « Je suis d'accord avec vous. Oui, c'est juste ! Oui, oui ! Oui, mon évêque, ou – ou mon ancien, vous êtes – c'est parfaitement juste. » Il est d'accord avec lui.

§108 Jésus a dit : « Comment pouvez-vous avoir la foi quand vous avez ce genre de respect ? » Vous savez, se solliciter, s'honorer (je ne me souviens plus comment cela est dit) – mais lorsque votre désir – recevoir des honneurs les uns des autres. Voyez-vous ? On ne peut pas faire cela.

§109 Et lorsque des hommes se réunissent dans une organisation, ils d'assoient, et l'homme de moindre importance craint de dire quoi que ce soit, parce que l'évêque a dit ceci, parce que l'ancien a dit cela. Mais ne manquez pas d'égard envers cet homme, reconnaissez que c'est un brave homme. Toutefois, souvenez-vous toujours que la Parole de Dieu est vraie et que tout ce qui est contraire est faux : « Que ma Parole soit reconnue pour vraie, et que toute parole d'homme soit reconnue pour mensonge. » Voyez-vous cela ? C'est ce que nous désirons faire, c'est de croire cela.

---

[21] William branham dans son sermon pourquoi nous ne sommes pas une dénomination ou la grande prostituée —27.09.1958 (Jeff. ind. u.s.a.)

[22] William Branham dans son sermon questions et reponses n° 3—30.08.1964 matin (jeff . ind. u.s.a.)

DEUXIEME SCEAU1963-03-19 Jeffersonville Indiana [23]

§174 Quand un groupe d'homme se rassemble pour essayer de résoudre quoi que ce soit, l'un pense de cette manière-ci, l'autre pense de cette manière-là, et l'autre pense de cette manière-là. Ils mettent tout ça ensemble, ils l'agitent bien, et voilà ce que vous avez à la sortie.

§175 C'est exactement ce qu'ils ont fait au concile de Nicée. C'est exactement ce que font les méthodistes, les presbytériens, l'église de Christ et tous les autres. Et aucun homme, peu n'importe ce que Dieu peut lui révéler, il vous faut l'enseigner selon leurs papiers, selon leurs credo – credo, sinon ils vous mettront à la porte. Vous n'avez pas besoin de me le dire. J'y suis allé, vous voyez, et je le sais.

RENDRE UN SERVICE A DIEU EN DEHORS DE SA VOLONTE 18.07.196 (Jeff. Ind. U.S.A.) [24]

§103 Mais, maintenant, remarquez l'influence. Parfois, de grands hommes se réunissent. Vous les entendez parler du grand Un tel et de l'autre grand Un tel, notre grand… Ne faites jamais cela. Il n'y a point de grands parmi nous. Il n'y en a qu'Un qui soit grand, et c'est Dieu. Nous sommes frères et sœurs. Peu m'importe si vous êtes le pasteur d'une église composée de cinq personnes, cela ne vous fait pas petit ; cela fait de vous un frère (voyez-vous ?) si vous êtes fidèle à la Parole de Dieu. Peu m'importe quoi ou comment… vous ne devenez pas petit. Dieu n'a pas de petits enfants et des grands enfants. Il a simplement des enfants, et ils sont tous pareils.

DES CITERNES CREVASEES—23.01.1965 (Phx. Az. U.S.A.) [25]

§123 Remarquez encore une chose au sujet de ce puits : il n'y a jamais besoin de pomper. Il n'y a pas besoin de tirer et de pomper. De cela, j'en ai vu tellement que ça me donne la nausée – de faire venir quelque chose en pompant, en jouant plein de musique, en sautillant, ou – ou en couvrant la ville de traités, et avec d'énormes affiches: « L'homme pour notre temps ! »

---

[23] William Branham dans son sermon deuxième sceau prêcher le 19-03-1963 à Jeffersonville Indiana USA

[24] William branham dans son sermon rendre un service à dieu en dehors de sa volontés 18.07.196 (Jeff. ind. u.s.a.)

[25] william branham dans son sermon des citernes crevasees—23.01.1965 (phx. az. u.s.a.)

§124 Il n'y a qu'un seul Homme pour notre temps : c'est Jésus-Christ, qui est le même hier, aujourd'hui et pour toujours. Il n'y a qu'un seul messager de Dieu : c'est – c'est Jésus-Christ. Oui, monsieur.

UNE DELIVRANCE TOTALE—11.07.1959 (Jeff.Ind. U.S.A.) [26]

§65 Maintenant, si le conseil de l'église ou les diacres venaient et disaient que nous devions ou pensaient que nous devrions construire un nouveau Tabernacle, et si c'est le vote de diacres, et que les administrateurs sont consultés et qu'ils n'ont pas l'argent pour le faire, alors ils ont ou ils auront un programme de construction comme nous en avons un maintenant. Alors c'est présenté à l'auditoire général comme nous devrions faire. L'église entière étant souveraine, alors si l'église vote pour le nouveau Tabernacle, alors nous devrions tous coopérer ensemble dans la construction de ce nouveau Tabernacle.

§66 Franchement moi-même lorsqu'ils m'ont parlé d'un nouveau Tabernacle j'étais contre cette idée. C'est vrai. J'ai dit : « Nous n'avons pas réellement besoin d'un nouveau Tabernacle. Et je vais probablement partir d'ici bientôt, si le Seigneur… si ce qu'il m'a montré arrive, pourquoi avons-nous besoin d'un nouveau Tabernacle, nous n'avons pas l'argent. » Alors, je suis venu ici et j'ai senti ce que l'église ressentait : Que l'église dans la majorité semblait vouloir cela, alors qu'ai-je fait ? Alors j'ai sacrifié mes propres pensées et me suis joint à l'église. Assurément faisons cela ! Et c'est ainsi que nous jetons le sort, c'est ainsi qu'ils faisaient dans le temps biblique. C'est ainsi que l'église votait.

LA SOUVERAINETE.

§67 Le groupe de gens, ils se réunissent dans l'unité, il y a la force. C'est pourquoi, je dis : ''Certainement si c'est ainsi que l'église le veut, si c'est ce que Dieu veut, Il a davantage d'autorité pour voter parmi un groupe entier de personnes qu'Il en a avec moi, parce que je n'ai aucune vision à dire ou disant que ceci ne devrait pas être.''' Ainsi, nous nous mettons avec l'église et nous avançons avec l'église. Et je suis derrière cela pour faire tout ce que je peux. Voyez-vous ? Pour aider l'église.

§68 Cela devrait être le motif de chaque chrétien et de chaque personne dans l'église, ce serait pour que nous soyons unis, ou nous nous unifions et que nous soyons

---

[26] William Branham dans son sermon une délivrance totale—11.07.1959 (Jeff. ind. u.s.a.)

collés les uns aux autres. Quel que soit la chose que l'église vote, c'est ce que nous devrions soutenir.

§69 Disons par exemple qu'ils désirent changer quelque chose dans l'église, eh bien, si les administrateurs veulent le faire ou quelqu'un d'autre ou les diacres, et qu'ils veulent changer quelque chose, alors cela est présenté devant l'église. L'église, alors, ensemble et alors si d'autres idées ici, semblent quelque peu différentes de celle de l'église entière, alors sacrifions cette idée-là parce que c'est le seul moyen nous permettant de rester unis.

LE TROISIEME EXODE—30.06.1963 (Jeff. Ind. U.S.A.) [27]

§84 Observez votre dénomination aujourd'hui, elle a l'apparence de la piété, mais elle renie ce qui en fait la force. Oh, peut-être êtes –vous un million de plus et un millier de plus, des gens mieux formés, mais où en êtes-vous spirituellement ? Où est votre force ? Etes-vous comme Samson, se tenant là (comme je l'ai dit l'autre jour), avec toute sa forte stature, chaque fibre était en place, mais lui n'avait pas de vie ? L'Esprit l'avait quitté ; il était sans secours, un petit enfant le conduisait là, ses yeux étaient aveuglés, à cause d'une femme.

C'est comme l'église aujourd'hui, elle est conduite par la politique, les évêques, les anciens, et toutes sortes de sottises, des hommes qui cherchent des honneurs et tout. Où en sommes-nous ?

EXPOSE DES SEPT AGES DE L'EGLISE- AGE DE SMYRNE [28]

Pourtant, malgré ce glorieux témoignage, ce disciple de l'apôtre Jean (Polycarpe -Ed) ne militait pas contre le système nicolaïte, car lui-même penchait vers l'organisation, sans se rendre compte que son désir d'avoir de la communion et ce qui semblait être un bon plan pour favoriser l'œuvre de Dieu était en réalité un piège de l'ennemi.

Il n'en était pas ainsi d'Irénée. Ce dernier militait contre l'organisation sous toutes ses formes. Également, sa vie, au cours de laquelle il a servi le Seigneur, était empreinte de beaucoup de manifestations du Saint-Esprit, et il enseignait la Parole avec une dose exceptionnelle de clarté et de conformité aux préceptes originels de celle-ci. Ses Églises en France étaient connues pour posséder les dons de l'Esprit ; en effet, les

---

[27]William branham dans son sermon letroisièmeexode30.06.1963(Jeff.ind.u.s.a.)
[28] William branham dans son sermon expose des sept âges de l'église Age de Smyrne (le messager)

saints parlaient en langues, prophétisaient, ressuscitaient les morts et guérissaient les malades par la prière de la foi. Il voyait le danger de toute forme de confrérie organisée parmi les anciens, les pasteurs, etc. Il a fermement défendu une Église locale unifiée, remplie de l'Esprit et manifestant les dons. Et Dieu l'a honoré, car la puissance de Dieu se manifestait parmi les saints.

EXPOSE DE SEPT AGES DE L'EGLISE—AGE DE SARDES [29]

Je viens de dire que cette époque a vu une croissance démesurée de l'esprit dénominationnel. Si jamais l'attitude des Corinthiens : "Je suis de Paul - moi, de Céphas", s'est affirmée, c'est bien à cette époque-là. Il y avait les luthériens, les hussites, le parti de Zwingli, etc. C'était une pitoyable fragmentation du Corps. Ils faisaient vivre un nom, mais ils étaient morts. Bien sûr qu'ils étaient morts. Dès qu'ils se sont organisés, ils sont morts. Les grands groupes se sont organisés, et se sont liés par mariage avec l'État. Il n'en fallait pas plus. Ils étaient finis.

Il y avait là ces luthériens, qui avaient critiqué l'Église romaine. Ils savaient qu'il n'était pas juste d'unir la politique aux choses spirituelles -- et pourtant Luther (faisant comme Pierre, qui s'était laissé influencer par les judaïsant) s'est engagé tête baissée, et a confié la défense de la foi à l'État, et non à Dieu. C'était la première des grandes dénominations à sortir de la prostituée, mais peu de temps après la mort de Luther, elle avait une hiérarchie semblable à celle qu'elle avait combattue. Dès la deuxième génération, ce mouvement, suscité par Dieu, était déjà retourné sous l'aile de sa mère. L'Église avait fait un retour en arrière, et elle ne le savait même pas.

EXPOSE DE SEPT AGES DE L'EGLISE—AGE DE PHILADELPHIE [30]

Car, dans chaque âge, l'Église a été gouvernée par une hiérarchie -- un clergé -- une succession apostolique -- qui fermait la porte de la grâce et du pardon à qui elle voulait, et qui, au lieu d'assumer avec amour la responsabilité de l'Église, a fait de l'Église sa proie, et l'a détruite dans son ardeur mercenaire. Le clergé vivait dans le luxe, alors que la pauvre Église n'avait pour se nourrir que les résidus de leur violence. Et tous les âges ont fait de même.

Chacun s'est mis sous le joug de l'organisation, remettant le gouvernement à des hommes et livrant l'Église à ce gouvernement. Si des gens osaient se soulever, on

---

[29] William Branham dans son sermon expose de sept âges de l'église—Age de sardes (la denociation)

[30] William Branham dans sermon expose de sept âges de l'église—Age dePhiladelphie (la salutation)

usait de violence pour les faire taire, ou on les exilait. Chaque dénomination est animée du même esprit. Chaque dénomination jure que c'est elle qui a la clé du gouvernement de l'Église. Chaque dénomination prétend que c'est elle qui ouvre la porte. Mais ce n'est pas vrai. C'est Jésus, et Jésus seul. C'est Lui qui place les membres dans le Corps. C'est Lui qui suscite les ministères parmi eux. Il met Ses dons à la disposition de Son épouse. Il prend soin d'elle, et Il la conduit. Elle n'appartient qu'à Lui seul, et Il n'en a pas d'autre.

QUESTIONS ET RÉPONSES SUR LA GENÈSE - 29.07.1953 JEFF, IN, USA [31]

§120 Cette chose-là, c'est une chose que la Réformation n'a jamais épurée. Je sais que je me nomme « Révérend. » C'est exact, c'est simplement une chose courante aujourd'hui, mais cela ne devrait pas être fait. « Révérend », « Évêque » et « Docteur » et toutes ces choses, sont des titres donnés par l'homme, et c'est un non-sens ! Dans La Bible, c'était « Pierre », « Jacques », « Paul », « Jean », et tous les autres.

LE ROI REJETÉ - M15.05.1960 JEFFERSONVILLE, IN, USA [32]

§74 Voyez-vous que c'est le Saint-Esprit qui est notre Juge ? Dieu ne nous n'a jamais donné un pape, ou un évêque, ou qui que ce soit, pour être un juge. C'est le Saint-Esprit, la Personne de Dieu sous la forme du Saint-Esprit, qui est notre Juge et notre Guide. Alors, pourquoi ces choses ?

LES FILS DE DIEU MANIFESTÉS - 18.05.1960 JEFF, IN, USA [33]

§158 Alors, vous savez ce que le Père a fait ? Il n'a jamais dit : "Je vais Prendre un pape pour veiller sur Mes enfants." Et Il n'a pas dit non plus : "Je vais prendre un– un évêque." Non, non. Il n'a pas fait ça, parce qu'Il savait que le pape serait dans l'erreur, et l'évêque aussi. Voyez ? Il n'a jamais dit : "Je vais prendre un surveillant général pour veiller sur Mes églises." Non, non.

EXPOSE DE SEPT AGES DE L'EGLISE- Résumé des âges [34]

À aucun instant je n'apporte aux gens un message pour les pousser à me suivre ou à se rattacher à mon assemblée, ou à fonder un groupe, une organisation. Je n'ai jamais fait cela, et je ne le ferai pas maintenant. Je n'ai pas d'intérêt pour ces choses.

---

[31] William branham dans son sermon questions et réponses sur la genèse - 29.07.1953 Jeff, in, USA
[32] William Branham dans son sermon le roi rejeté - m15.05.1960 jeffersonville, in, usa
[33] William branham dans son sermon 'les fils de dieu manifestés - 18.05.1960 jeff, in, usa
[34] William Branham dans son sermon expose de sept âges de l'église- résumé des âges

J'ai, en revanche, un intérêt pour les choses de Dieu et pour les gens, et je serai satisfait si je peux réaliser une seule chose.

Cette chose, c'est de voir s'établir une relation spirituelle véritable entre Dieu et les hommes, dans laquelle les hommes deviennent de nouvelles créatures en Christ, remplis de Son Esprit, et vivant selon Sa Parole. J'adresse à tous une invitation, un appel et un avertissement, pour que vous écoutiez Sa voix maintenant même et que vous Lui abandonniez entièrement votre vie, comme je suis

Certain de Lui avoir abandonné tout ce que j'ai. Que Dieu vous bénisse, et que Sa venue réjouisse votre cœur.

LE CHOIX D'UNE ÉPOUSE - E29.04.1965 LOS ANGELES, CA, USA [35]

§25 Comme chrétiens, vous avez également un choix à effectuer. Ici en Amérique (jusqu'à maintenant) vous avez la possibilité de choisir l'église à laquelle vous désirez appartenir. C'est le privilège de tout Américain de choisir son église. C'est un choix. De plus, vous n'êtes pas obligé d'adhérer à aucune d'entre elles si vous ne le désirez pas.

Mais si vous désirez passer de l'église méthodiste à l'église baptiste, ou catholique, ou protestante, ou toute autre, personne ne peut vous l'empêcher ou vous imposer une certaine église. C'est là votre entière liberté, car notre démocratie le permet. La liberté est donnée à tout homme, la liberté de religion, et c'est là très important. Que Dieu nous aide à la conserver aussi longtemps que possible.

LE CINQUIÈME SCEAU - 22.03.1963 JEFFERSONVILLE, IN, USA [36]

§171 C'est comme la démocratie, on trouve que c'est bon. Je le crois aussi, mais ça ne marchera jamais comme il faut. Ça ne peut pas. Avec cette bande de Ricky qu'on a à la tête, ici, comment est-ce que ça pourrait tourner rond ? Impossible. Remarquez, la seule manière qui marchait vraiment bien, c'était d'avoir un roi qui avait la crainte de Dieu.

---

[35] William Branham dans son sermon le choix d'une épouse - e29.04.1965 los Angeles, USA
[36] William Branham dans son sermon le cinquième sceau - 22.03.1963 jeffersonville, in, usa

CHAPITRE II : LES CROYANCES SUPERSTITIEUSES

LE LEADERSHIP RELIGIEUX

Il est vrai que dans le domaine du leadership religieux, il existe une diversité de styles et d'approches. Certains pasteurs par manque de charisme ou de capacités de leadership, peuvent affecter la dynamique de leur communauté. D'autres, en revanche, peuvent exercer un leadership de manière dictatorial et abuser de leur autorité, ce qui cause des dommages et des souffrances aux membres de leur congrégation.

Il est important de reconnaître que le leadership religieux devrait être basé sur des valeurs telles que l'empathie, la compassion, l'intégrité et le respect. Les leaders religieux doivent être des modèles positifs pour leur communauté et agir dans l'intérêt supérieur de tous les membres.

Il est crucial pour les fidèles de rester vigilants et de ne pas hésiter à remettre en question les actions des leaders religieux s'ils voient des signes d'abus ou de comportement inapproprié. La transparence, la responsabilité et la communication ouverte sont essentielles pour maintenir un environnement sain et respectueux au sein d'une congrégation.

Il est crucial de reconnaître et de dénoncer les pratiques abusives et préjudiciables qui peuvent exister au sein du leadership religieux. Voici un un livre fort pour exprimer cette dénonciation.

Le leadership religieux, censé incarner des valeurs de compassion, d'humilité et de service, est parfois détourné de sa mission originelle pour servir des intérêts personnels et familiaux. Certains pasteurs, loin d'exercer un leadership charismatique et inspirant, se comportent de manière dictatoriale et abusent de leur autorité au détriment de leurs fidèles. L'église, lieu de spiritualité et de communion, est parfois transformée en un patrimoine familial où les enjeux de pouvoir et de positionnement priment sur la véritable mission de partage et d'amour.

Il est temps de dénoncer ces dérives et de rappeler que le véritable leadership religieux repose sur l'exemplarité, le respect et la bienveillance envers tous. L'église ne doit pas être le théâtre d'une compétition pour le pouvoir, mais un lieu de rassemblement et d'unité où chacun peut trouver réconfort et soutien dans sa quête spirituelle. Il est impératif de réaffirmer les valeurs fondamentales de l'éthique religieuse et de lutter contre toute forme d'abus et d'exploitation au nom de la foi.

En tant que membres de la communauté religieuse, il est de notre responsabilité de rester vigilants et de promouvoir un leadership authentique et bienveillant. Nous devons nous unir pour préserver l'intégrité de notre église et veiller à ce qu'elle demeure un lieu de paix, d'harmonie et de spiritualité pour tous ceux qui y cherchent refuge et réconfort.

Les abus de pouvoir et les comportements préjudiciables au sein du leadership religieux sont une trahison des valeurs profondes de la foi et de la spiritualité. En exploitant la confiance et la vulnérabilité des fidèles, ces leaders déviants compromettent l'intégrité de l'institution religieuse et causent des blessures profondes aux âmes en quête de guidance et de réconfort.

Il est essentiel de dénoncer avec fermeté ces pratiques toxiques et de réaffirmer que le véritable leadership religieux repose sur la compassion, l'empathie et le respect de la dignité humaine. En tant que croyants, nous avons le devoir moral de défendre les plus faibles, de donner voix à ceux qui ont été réduits au silence et d'exiger des comptes pour les abus commis au nom de la foi.

En reconnaissant et en condamnant ces dérives, nous œuvrons pour restaurer la confiance et la crédibilité de nos communautés religieuses. Ensemble, engageons-nous à promouvoir un leadership authentique, transparent et guidé par des valeurs éthiques inébranlables. C'est en restant uni dans notre quête de justice et d'intégrité que nous pourrons préserver la pureté et la noblesse de notre héritage spirituel.

LES CROYANCES SUPERSTITIEUSE

Les croyances superstitieuses et les pratiques trompeuses qui sont promues par certains pasteurs et leaders religieux sont profondément préoccupantes. En exploitant la foi et la vulnérabilité des fidèles, ces individus déforment et corrompent les enseignements authentiques de la spiritualité, semant la confusion et la désillusion au sein des communautés religieuses.

Il est impératif de dénoncer sans équivoque ces manipulations et de rappeler que la véritable foi repose sur la recherche de la vérité, de la sagesse et du discernement. Les leaders religieux ont la responsabilité sacrée de guider leurs fidèles vers la lumière, non pas de les égarer dans les ténèbres de la superstition et de l'illusion.

En tant que croyants, nous devons rester vigilants face à ces dérives et encourager un examen critique des enseignements et des pratiques religieuses. Il est essentiel de promouvoir une spiritualité fondée sur la rationalité, la compassion et l'authenticité, et de rejeter fermement toute forme d'exploitation et de manipulation au nom de la foi.

En unissant nos voix pour condamner ces abus, nous protégeons l'intégrité de notre héritage spirituel et préservons la confiance et le respect au sein de nos communautés religieuses. Ensemble, engageons-nous à promouvoir une spiritualité éclairée, exempte de superstitions et de tromperies, afin de cultiver un environnement de croissance spirituelle authentique et bienveillante.

Les faux prophètes, véritables charlatans en robe de pasteur, se livrent à des pratiques abjectes et honteuses au sein de leurs cultes dévoyés. Ils osent réclamer des cotisations incessantes, pressurant les brebis égarées pour remplir leurs propres coffres, au détriment de la véritable spiritualité et du bien-être des fidèles.

Ces imposteurs osent même retenir en otage certains croyants, les contraignant à abandonner leurs foyers et leurs familles pour aller travailler servilement chez le pasteur, asservis par des promesses mensongères et des menaces perfides. Leurs pratiques indignes et leur manipulation perverse ne peuvent rester impunies.

Il est temps de briser les chaînes de l'oppression religieuse, de dénoncer avec force ces abus inqualifiables et de protéger les âmes vulnérables des prédateurs en soutane. Que la lumière de la vérité dissipe les ténèbres de la tromperie et que la justice divine frappe les faux prophètes de leur juste châtiment.

Ensemble, levons-nous pour défendre l'intégrité de la foi, pour libérer les captifs de l'emprise des faux bergers et pour restaurer la pureté et la dignité de la spiritualité authentique. Que notre voix résonne comme un cri de révolte contre l'exploitation et l'abus, et que notre engagement inébranlable pour la vérité et la justice guide nos pas sur le chemin de la rédemption et de la liberté spirituelle.

Il est absolument scandaleux que des bergers, censés être des guides spirituels et des exemples de moralité, se livrent à de telles pratiques abominables. Les fausses prophéties et les manipulations financières ne sont que la pointe de l'iceberg de l'immoralité qui règne dans certaines églises. La division des familles, les abus sexuels et les comportements prédateurs de certains pasteurs sont absolument inacceptables et doivent être vigoureusement condamnés.

Il est impératif que ces actes odieux soient dénoncés et que les responsables soient tenus pour responsables de leurs actions. Les églises doivent être des lieux de sécurité, de soutien et d'amour, et non des terrains de jeu pour les prédateurs et les escrocs.

Il est également crucial que les membres de ces églises prennent position contre de telles pratiques et refusent d'être complices de l'exploitation et de l'abus. La véritable spiritualité ne peut être souillée par de tels comportements, et il est temps que la lumière de la vérité soit faite pour mettre fin à ces abus.

Ensemble, nous devons œuvrer pour restaurer l'intégrité et la dignité au sein des communautés religieuses, pour protéger les plus vulnérables et pour permettre à la véritable spiritualité de prospérer. Nous devons nous tenir aux côtés des victimes, dénoncer ces crimes et exiger des changements concrets pour que de tels abus ne se reproduisent plus.

Les comportements immoraux et abusifs de certains bergers et pasteurs au sein des églises sont extrêmement préoccupants et inacceptables. Les fausses prophéties, les manipulations financières, les abus sexuels et autres formes de prédateurs doivent être dénoncés avec fermeté. Il est impératif que les membres des églises prennent position contre de telles pratiques et refusent d'être complices. Il est temps d'agir pour mettre fin à ces abus, protéger les victimes et restaurer l'intégrité au sein des communautés religieuses. Il est crucial que des mesures concrètes soient prises pour assurer la transparence, la responsabilité et la justice au sein des institutions religieuses afin de prévenir de tels abus à l'avenir.

Oui, en effet, les comportements immoraux et abusifs de certains bergers et pasteurs fragilisent l'église locale. Ces actes compromettent la confiance des fidèles et ternissent la réputation de l'église dans la société. Ils créent également des divisions et des tensions au sein de la communauté religieuse, ce qui peut affaiblir sa capacité à remplir sa mission spirituelle et sociale. Il est donc crucial que des mesures soient prises pour restaurer la confiance, promouvoir la transparence et assurer la responsabilité au sein de l'église locale afin de renforcer son intégrité et son influence positive dans la société.

Les temps ont changé et malheureusement, les assemblées des saints, les assemblées cité Bethel, les protestants, les églises de réveil, et les assemblées du message du temps de la fin n'ont pas été épargnées par les dérives du monde moderne. Autrefois fermes dans leur foi et leurs principes, ces églises ont progressivement glissé vers des pratiques qui contredisent les enseignements bibliques qu'elles ont longtemps brandis et en ont fait leurs champs de bataille. Le système hiérarchique qui produit des dénominations et des organisations, décrié par les gens du message, le prélèvement multiple des offrandes lors d'un seul culte, la tolérance des mèches chez les femmes, le port de certains vêtements tels que jupes courtes, jupes serrées et transparentes, robes transparentes, robes courtes, les femmes en pantalon, le maquillage, les faux ongles, et les chaînettes de cou sont autant d'exemples de compromis avec le monde extérieur.

Il est temps de revenir à la Parole de Dieu, de nous repentir de nos déviations et de retrouver la pureté et la sainteté qui caractérisaient autrefois nos assemblées. Nous devons nous rappeler que notre mission en tant qu'église est de proclamer l'Évangile, de vivre dans la sainteté et de témoigner de la puissance de Dieu dans nos vies.

Il est urgent de nous réveiller, de nous détourner des compromis et des concessions, et de nous recentrer sur Christ. Nous devons redécouvrir la véritable adoration, la prière fervente, la communion fraternelle et le service désintéressé. Seul en retournant à la Parole de Dieu et en suivant ses commandements, pourrons-nous espérer voir la restauration et le renouveau dans nos assemblées.

Que chaque membre de ces églises se lève, s'engage à vivre selon la Parole de Dieu et à être un exemple de sainteté et d'amour pour le monde. Ensemble, redonnons à nos assemblées leur véritable identité, celle d'être des lieux de louange, d'adoration et de témoignage de la grâce et de la puissance de Dieu.

Ô Galates insensés ! Qui vous a fascinés, vous, aux yeux de qui Jésus-Christ a été peint comme crucifié ? Voici seulement ce que je veux apprendre de vous : avez-vous reçu l'Esprit par les œuvres de la loi, ou par la prédication de la foi ? Etes-vous tellement dépourvus de sens ? Après avoir commencé par l'Esprit, voulez-vous maintenant finir par la chair ? Avez-vous tant souffert en vain ? Si toutefois c'est en vain.

En plus des compromis mentionnés précédemment, certaines églises ont également embrassé des pratiques contraires à l'enseignement biblique telles que l'implication dans la politique partisane, l'organisation de jeux d'argent au sein de l'église, et l'introduction de danses mondaines lors des cultes. Ces déviations montrent une dérive vers une spiritualité charnelle et mondaine, en contradiction avec l'appel à marcher dans l'Esprit et à vivre selon les principes divins énoncés dans la Bible.

II.1 LES TITRES DONNES AUX CONDUCTEURS DES ÉGLISE AUJOURD'HUI ET L'ESPRIT HIÉRARCHIQUE DANS LES ÉGLISES

Ancien, révérend, évêque, doyen, surveillant général ; Le mot "évêque" et les titres ecclésiastiques tels que pasteur, archevêque... Sont des termes utilisés dans différentes traditions chrétiennes pour désigner des responsables religieux ou des dirigeants de l'Église. Chaque mot a signification spécifique et des fonctions particulières au sein de la hiérarchie ecclésiastique.

Dans le contexte du christianisme romain dans l'église catholique, un évêque est généralement un responsable ecclésiastique qui supervise un diocèse ou une région spécifique. Les évêques sont souvent considérés comme les successeurs des apôtres et ont une autorité spirituelle et administrative sur les prêtres et les fidèles de leur diocèse.

L'archevêque est un titre plus élevé que celui d'évêque et est souvent utilisé pour désigner le responsable d'une province ecclésiastique ou d'une région plus vaste. Les archevêques ont souvent une autorité supérieure sur les évêques de leur province et jouent un rôle important dans la direction et la coordination de l'Église dans leur région.

Le titre de pasteur est souvent attribué aux responsables des églises locales ou des congrégations. Les pasteurs sont chargés de guider spirituellement et d'enseigner les membres de leur communauté, ainsi que de célébrer les sacrements et de diriger les services religieux.

Ces grades varient selon les traditions chrétiennes, qu'il s'agisse du catholicisme, de l'orthodoxie, du protestantisme ou d'autres branches du christianisme. Chacune de ces traditions à ses propres structures ecclésiastiques et ses propres interprétations des rôles et des responsabilités des dirigeants religieux.

En fin de compte, ces qualifications sont destinées à servir la communauté chrétienne en offrant un leadership spirituel, en enseignant la doctrine chrétienne et en guidant les fidèles dans leur vie de foi. Ils sont également censés refléter l'unité et la diversité de l'Église universelle, tout en respectant la souveraineté des églises locales dans leur gouvernance et leur administration. Et pour le frère Branham ce ne sont que des absurdités

La question de la souveraineté des églises locales et de leur autonomie par rapport aux traditions chrétiennes plus larges est un sujet complexe qui a suscité des débats au sein du christianisme. Les différentes branches du christianisme ont des approches variées en ce qui concerne la gouvernance ecclésiastique et la prise de décision au sein de l'Église.

Dans certaines coutumes, comme le catholicisme romain, l'autorité ecclésiastique est hiérarchique et centralisée autour du pape et des évêques. Les décisions importantes sont souvent prises au niveau de l'Église universelle, et les églises locales sont tenues de se conformer aux directives et aux enseignements de l'Église centrale.

En revanche, dans certaines branches du protestantisme, il existe une plus grande autonomie des églises locales. Chaque congrégation ou dénomination peut avoir ses propres structures de gouvernance et prendre des décisions de manière indépendante, sans avoir à consulter une autorité centrale. Cela reflète l'importance accordée à la liberté religieuse et à l'autonomie des communautés ecclésiales dans la tradition protestante.

Dans les Églises orthodoxes, la structure ecclésiastique repose sur le principe de concilliarité, où les décisions importantes sont prises lors de conciles ou synodes impliquant des représentants de toutes les églises locales. Cela garantit une forme de gouvernance collégiale et consultative, tout en reconnaissant l'autonomie des églises locales dans la gestion de leurs affaires internes.

En fin de compte, la question de la souveraineté des églises locales par rapport aux traditions chrétiennes plus larges est souvent déterminée par des facteurs historiques, culturels et théologiques propres à chaque tradition. Certains voient l'autonomie des églises locales comme un moyen de favoriser la diversité et l'adaptation contextuelle de la foi chrétienne, tandis que d'autres soulignent l'importance de l'unité et de la cohésion au sein de l'Église universelle.

Il est primordial pour les chrétiens de naviguer avec érudition et discernement entre les principes d'autonomie locale, et d'unité universelle, en cherchant à promouvoir le partenariat et la solidarité au sein du corps du Christ, malgré les différences doctrinales et pratiques.

EXPOSE DE SEPT AGES DE L'EGLISE—AGE DE SARDES [37]

Je viens de dire que cette époque a vu une croissance démesurée de l'esprit dénominationnel. Si jamais l'attitude des Corinthiens : "Je suis de Paul - moi, de Céphas", s'est affirmée, c'est bien à cette époque-là. Il y avait les luthériens, les hussites, le parti de Zwingli, etc. C'était une pitoyable fragmentation du Corps. Ils faisaient vivre un nom, mais ils étaient morts. Bien sûr qu'ils étaient morts. Dès qu'ils se sont organisés, ils sont morts.

Les grands groupes se sont organisés, et se sont liés par mariage avec l'État. Il n'en fallait pas plus. Ils étaient finis. Il y avait là ces luthériens, qui avaient critiqué l'Église romaine. Ils savaient qu'il n'était pas juste d'unir la politique aux choses spirituelles -- et pourtant Luther (faisant comme Pierre, qui s'était laissé influencer par les judaïsant) s'est engagé tête baissée, et a confié la défense de la foi à l'État, et non à Dieu.

C'était la première des grandes dénominations à sortir de la prostituée, mais peu de temps après la mort de Luther, elle avait une hiérarchie semblable à celle qu'elle avait combattue. Dès la deuxième génération, ce mouvement, suscité par Dieu, était déjà retourné sous l'aile de sa mère. L'Église avait fait un retour en arrière, et elle ne le savait même pas.

EXPOSE DE SEPT AGES DE L'EGLISE—Page 189 (nouvelle tradition) [38]

Le nicolaïsme détruit ces préceptes en séparant les ministres du culte d'avec les gens, et en donnant aux conducteurs une place de dominateurs, au lieu d'une place de serviteurs. En fait, cette doctrine avait pris naissance dans le premier âge sous forme d'œuvre. Il apparaît que le problème provenait de deux termes : ''anciens'' (presbytes), et ''surveillants'' (évêques). Bien que l'Ecriture montre qu'il y a plusieurs anciens dans chaque église, certains dont Ignace se mirent à enseigner que le rôle de l'évêque était d'avoir la prééminence, c'est à dire l'autorité et la haute main sur les anciens. Or, en fait, le mot ''ancien'' se rapporte à la personne elle-même, alors que le mot ''évêque'' se rapporte à la fonction remplie par l'homme en question. ''Ancien'' a toujours désigné et désignera toujours l'âge qu'un homme a dans le Seigneur. Il est un ancien, non parce qu'il est élu, ordonné, etc…... mais parce qu'il est plus ancien.

---

[37] William Branham dans son sermon expose de sept âges de l'église—âge de sardes
[38] William Branham dans son sermon Expose de sept âges de l'église—page 189 (nouvelle tradition)

Il est plus mur, mieux exercé, ce n'est pas un novice ; il est digne de confiance à cause de son expérience et d'une expérience chrétienne éprouvée par le temps. Mais, non, les évêques ne s'en sont pas tenus aux épîtres de Paul, mais ils se sont référés au récit que Paul fait de la fois où il avait appelé les anciens d'Ephèse à Milet dans Actes 20. Au verset 17, le récit déclare qu'il avait envoyé chercher les ''anciens'', puis, au verset 28, ils sont appelés surveillants (évêques). Et ces évêques sans aucun doute animés d'arrière-pensées politiques et avides de pouvoir affirmaient avec insistance que Paul avait voulu dire que les ''surveillants'' étaient plus que l'ancien local, dont la compétence officielle était limitée au cadre de sa propre église. Pour eux, un évêque était maintenant quelqu'un dont l'autorité s'étendait à plusieurs conducteurs spirituels locaux.

Ce concept n'était conforme ni à l'Ecriture ni à l'histoire, et pourtant, même un homme de l'envergure de Polycarpe penchait vers ce genre d'organisation. Ainsi, ce qui avait commencé sous forme d'œuvre dans le premier âge est devenu une doctrine au vrai sens du terme, et l'est resté jusqu'aujourd'hui. Les évêques revendiquent toujours le pouvoir de contrôler les hommes et de faire d'eux ce qu'ils veulent, en les plaçant là où bon leur semble pour leur ministère. C'est renier la conduite du Saint-Esprit, qui a dit : ''Mettez-moi Paul et Barnabas à part pour l'œuvre à laquelle Je les ai appelés.''

EXPOSE DE SEPT AGES DE L'EGLISE-AGE DE PERGAME[39]

Le troisième âge nous révèle, par l'Esprit de prophétie, que l'Église mondaine allait adopter le nicolaïsme comme doctrine. La séparation du clergé d'avec les laïques a évolué depuis la vérité Biblique selon laquelle les anciens (les bergers des troupeaux locaux) gouvernaient le troupeau par la Parole, pour devenir les "œuvres des Nicolaïtes", c'est-à-dire le clergé qui s'organisait en une hiérarchie à plusieurs niveaux de domination, formule contraire à l'Écriture et qui évolua ensuite vers une prêtrise qui plaçait le clergé entre les hommes et Dieu, donnant certains droits au clergé, tout en privant les laïques des droits que Dieu leur donne. C'était une usurpation. Dans cet âge, c'est devenu une doctrine. On a instauré cette doctrine dans l'Eglise, en la faisant passer pour la vraie Parole de Dieu, ce qu'elle n'était absolument pas. Mais le clergé disait que c'était la Parole de Dieu ; par conséquent, cette doctrine était donc antéchrist.

---

[39] William Branham dans son sermon Exposé de sept âges de l'église âge de Pergame

II.2 L'ÉVÊQUE LOCAL OU PERE SPIRITUEL

Un évêque local dans une église locale fait référence à un pasteur e qui exerce son autorité et sa responsabilité ecclésiastique dans une région ou une communauté spécifique au sein de l'Église chrétienne. Les évêques sont des membres du clergé qui ont reçu l'ordination épiscopale et qui sont chargés de superviser et de guider les fidèles de leur diocèse ou de leur région ecclésiastique.

Dans le contexte d'une église locale, un évêque local peut être responsable de la direction spirituelle, de l'administration des sacrements, de l'enseignement de la doctrine chrétienne, de la supervision des prêtres et des diacres, ainsi que de la gestion des affaires pastorales et administratives de l'église dans sa juridiction.

L'évêque local est souvent considéré comme le pasteur principal de son diocèse ou de sa paroisse, et il est chargé de veiller au bien-être spirituel et matériel des fidèles qui lui sont confiés. Il est également appelé à maintenir l'unité et la cohésion au sein de la communauté chrétienne locale, à promouvoir la croissance spirituelle et à défendre la foi chrétienne orthodoxe.

En résumé, un évêque local dans une église locale est un responsable Ecclésiastique qui exerce son autorité et sa responsabilité spirituelle dans une région ou une communauté spécifique au sein de l'Église chrétienne, en veillant au bien-être spirituel et pastoral des fidèles qui lui sont confiés.

SE RANGER DU CÔTÉ DE JÉSUS - 01.06.1962 JEFFERSONVILLE, IN, USA [40]

§26 Maintenant, je remarque de quelle manière les églises - l'évangélisation a commencé à se répandre partout. Et alors nous prendrons par exemple le - Paul qui était devenu un grand missionnaire envoyé auprès de notre peuple. Nous découvrons qu'il allait partout où le Seigneur le conduisait, et il établissait une église. Et c'était une nouvelle foi. Les églises de ces jours-là, comme en Asie Mineure, partout à travers l'Europe, elles - elles ne croyaient pas ce Message-là. Et après qu'il eut prêché le Message et que plusieurs s'y furent convertis, il n'y avait alors personne... S'il avait laissé les gens dans cette condition, ils auraient erré pour retourner carrément à leurs dieux païens, au judaïsme ou à quelque chose d'autre, parce que les gens n'auraient eu

---

[40] William Branham dans son sermon Se ranger du côté de jésus - 01.06.1962 Jeffersonville, in, usa

personne pour les enseigner, les - les convertis. Ils n'avaient pas d'endroit où aller, ainsi Paul établissait églises à divers endroits du pays.

§27 Dans chacune de ces églises, il laissait quelqu'un qui était juste, un homme qui était digne de confiance, un homme qui était reconnu comme pasteur, berger, ou un... Puis après, cette église devenait alors... D'autres petites églises naissaient d'elle. Des jeunes gens et des hommes âgés se levaient et formaient des églises à partir de celle-là. L'homme qui était à la tête de la première église était appelé évêque. Et puis ses - ceux qui étaient sortis de lui - ses enfants étaient appelés bergers ou pasteurs. Et alors ce groupe de petites églises revenaient toutes auprès de cet évêque.

§48 Paul dit : « Je le sais, je le sais ; mais ne brisez pas mon cœur maintenant. Laissez-moi terminer ma course. » Il était fatigué ; il était épuisé et il s'en allait, laissant son office d'évêque à Timothée.

EXPOSE DE SEPT AGES DE L'EGLISE—AGE D'EPHESE [41]

La ville d'Éphèse était l'une des trois plus grandes villes d'Asie. On avait coutume de l'appeler "la troisième ville de la foi chrétienne", la première étant Jérusalem et la seconde Antioche. C'était une ville très riche. Elle était gouvernée par les Romains, mais la langue qu'on y parlait était le grec. Les historiens croient que Jean, Marie, Pierre, André et Philippe ont tous été enterrés dans cette belle ville. Paul, qui avait fondé la vraie foi dans cette ville, n'y est resté pasteur que pendant environ trois ans. Cependant, quand il n'était pas auprès du troupeau, il pensait continuellement à eux en prière. Timothée fut le premier évêque d'Éphèse.

I Timothée 1.1-3 : "Paul, apôtre de Jésus-Christ, par ordre de Dieu notre Sauveur et du Seigneur Jésus-Christ notre espérance, à Timothée, mon enfant légitime en la foi : Que la grâce, la miséricorde et la paix te soient données de la part de Dieu le Père et de Jésus-Christ notre Seigneur ! Je te rappelle l'exhortation que je t'adressai à mon départ pour la Macédoine, lorsque je t'engageai à rester à Éphèse, afin de recommander à certaines personnes de ne pas enseigner d'autres doctrines."

L'AGE DE L'ÉGLISE D'ÉPHÈSE, - 05.12.1960 JEFF, IN, USA bb073584 [42]

§72 Le christianisme à Éphèse se trouvait là où vivaient les Juifs. Et il fut fondé vers 53 ou 55. Il y fut implanté par l'apôtre Paul. Plus tard, Paul passa trois ans à

---

[41] William Branham dans son sermon Expose de sept âges de l'église—âge d'Ephese
[42] William branham dans son sermon sur L'âge de l'église d'Ephèse, - 05.12.1960 Jeff, in, usa

Éphèse. L'enseignement de Paul eut une grande influence sur les croyants d'Éphèse. Ensuite, Timothée fut le premier évêque de l'église d'Éphèse. Paul écrivit à l'église d'Éphèse. C'était une grande église du temps de Paul.

II.3 VOUS POUVEZ NE PAS CROIRE COMME L'EVEQUE-LOCAL OU L'ANCIEN...C'EST EN ORDRE [43]

Non, un prédicateur n'est pas nécessairement obligé de croire ou de voir les choses de la même manière que son pasteur ou son évêque. Les prédicateurs ont souvent une certaine liberté pour interpréter et partager la Parole de Dieu selon leur compréhension personnelle, tout en respectant les enseignements et la direction générale de l'église.

Il est important que les prédicateurs respectent l'autorité de leur pasteur ou évêque, mais cela ne signifie pas qu'ils doivent être en total accord sur chaque question théologique ou pastorale. Les divergences d'opinions et les discussions constructives peuvent enrichir le dialogue au sein de l'église et permettre une réflexion plus approfondie sur les questions spirituelles.

Cependant, il est essentiel que les prédicateurs restent fidèles aux enseignements fondamentaux de la foi chrétienne et qu'ils agissent dans l'intérêt du bien-être spirituel de la communauté chrétienne à laquelle ils servent. Ils doivent également être ouverts à l'écoute et à la correction fraternelle de la part de leurs supérieurs ecclésiastiques, dans un esprit de collaboration et d'unité au sein de l'église.

En conclusion, bien qu'un prédicateur puisse avoir son propre perspective et interprétation des enseignements chrétiens, il est important qu'il agisse avec respect envers l'autorité ecclésiastique et qu'il reste fidèle aux principes fondamentaux de la foi chrétienne.

SE RANGER DU CÔTÉ DE JÉSUS - 01.06.1962 JEFF, IN, USA [44]

§18 C'est ce qu'on constate lorsqu'on traite entre ministres, entre hommes d'affaires, entre loges - partout où l'on va, là où l'on a un groupe d'hommes, il - il y a divergence d'idées. Ainsi, il vous faut donc avoir une personne en qui vous placez votre confiance, vous élisez cette personne et tous collaborent avec elle. C'est juste comme dans l'armée, vous devez avoir... Il y a un général ; c'est le quartier général. Le

---

[43] William Branham dans son sermon prêché le 01juin 1962 Se ranger du coté de jesus au paragraphe 83
[44] William Branham dans sermon se ranger du côté de jésus - 01.06.1962 jeff, in, usa

capitaine dit ceci, il est capitaine de ce groupe-là, mais alors le général peut changer ses ordres. Et le Général Commandant en Chef, bien sûr, c'est Jésus-Christ dans l'Église, et Ses ministres sont Ses capitaines de compagnies qui - qui Le représentent ici sur terre.

§83 Et ensuite, là-bas, formez d'autres ministres dans vos propres groupes - des hommes que vous jugerez avoir un appel dans leur vie pour le ministère. Formez ces jeunes gens. Amenez-les ici chez l'Ancien. Mettez-vous tous ensemble dans une réunion des ministres et, là, enseignez les choses les plus profondes de Dieu. N'allez pas à la mauvaise extrémité. Gardez quelqu'un qui... en qui vous pouvez avoir confiance pour être en quelque sorte comme un - un conducteur pour vous. Et alors, si parfois vous ne voyez pas les choses de la même manière que lui, tel qu'il s'y prend - c'est en ordre, vous êtes dans la foi de toute façon, avancez simplement. Peut-être lorsque nous nous réunirons, alors nous tous ensemble, nous prierons, le discernement de Dieu descendra et Il révélera très exactement ce que c'est. Voyez-vous ? Et nous montrera bien comment le faire.

§114 Ne serait-ce pas merveilleux de voir Frère... là-bas, venant de l'Utica, Frère Crase, vous tous, les autres frères ici présents, mettez-vous ensemble, rencontrez-vous, retrouvez-vous quelque part ; vous les ministres, mettez-vous ensemble et examinez les choses. Vous devez avoir la communion quelque part, quelque chose au sujet duquel vous vous rassemblez en quelque sorte. Mettez-vous tous ensemble comme un groupe d'hommes et ayez confiance l'un dans l'autre, et comme cela, et débattez de ces problèmes et mettez-vous ensemble, peut-être une fois par mois, les ministres uniquement. Rencontrez-vous quelque part dans l'une de vos églises. Asseyez-vous là, examinez cela et parlez-en, chacun de vous : pasteurs, évangélistes, ou peu importe ce que vous êtes. Et si par la suite un grand problème survient que vous ne pouvez résoudre, si alors je suis appelé dans le champ de l'évangélisation... Je ne sais pas si je le serai, et au cas où j'y suis appelé, vous savez que je reviendrai constamment, tout le temps. Et alors si vous avez ces choses à ce moment-là, quand je reviendrai ici, eh bien, nous nous réunirons ensemble, et nous nous mettrons simplement là.

II.4 L'EVEQUE LOCALE ET L'EGLISE AVANT-POSTE

La relation entre un évêque local et une église avant-poste peut varier en fonction de plusieurs facteurs, mais elle est généralement basée sur la confiance, la collaboration et la responsabilité mutuelle. Voici quelques points à considérer :

- ✓ **Confiance** : L'évêque local est généralement responsable de superviser et de guider les églises locales de sa juridiction. Il est important que les membres de l'église avant-poste aient confiance en l'évêque pour prendre des décisions pastorales éclairées et pour les guider spirituellement.

- ✓ **Collaboration** : L'évêque et l'église avant-poste doivent travailler ensemble pour promouvoir la croissance spirituelle, le bien-être communautaire et la mission de l'Église. Une relation de collaboration mutuelle basée sur le respect et la communication ouverte est essentielle pour assurer le bon fonctionnement de l'église.

- ✓ **Responsabilité mutuelle** : L'évêque est appelé à exercer une autorité spirituelle et pastorale sur les églises de sa juridiction, tout en étant responsable devant Dieu et devant les fidèles. De même, les membres de l'église avant-poste ont aussi une responsabilité envers leur évêque et envers l'Église dans son ensemble, en contribuant à la vie spirituelle et à la mission de l'Église. En cas de difficultés ou de conflits au sein de l'église avant-poste, il est important que l'évêque local intervienne de manière pastorale et prudente pour aider à résoudre les problèmes et à restaurer l'unité et la paix. La confiance mutuelle, la communication ouverte et le respect des rôles et des responsabilités de chacun sont essentiels pour maintenir une relation saine entre l'évêque local et l'église avant-poste, même en cas de difficultés ou de rétrogradation temporaire.

En fin de compte, la relation entre l'évêque local et l'église avant-poste repose sur des principes bibliques de respect, d'amour fraternel, de responsabilité mutuelle et de collaboration pour le bien-être spirituel de tous les fidèles.

L'ORDRE DE L'EGLISE – 26.12.1963 JEFFERSONVILLE, IN, USA [45]

Premièrement, je voudrais dire qu'à la suite de mes voyages autour du monde, pour autant que je sache, je considère que c'est ici l'un des endroits les plus spirituels, où vous sentez l'Esprit de Dieu plus que dans n'importe quel autre endroit que je connaisse. J'avais deux autres endroits en tête, mais, maintenant, cela ne semble plus ainsi ; car l'un d'eux est entré dans les organisations, et l'autre est... est en quelque sorte tombé.

---

[45] William Branham dans son sermon l'ordre de l'église - 26.12.1963 Jeffersonville, in, usa

CHRIST EST RÉVÉLÉ DANS SA PROPRE PAROLE - M22.08.1965 JEFF, IN, USA [46]

§128 Toutes les autres paroles – peu m'importe combien harmonieusement agencées, de qui elles viennent, de quelle dénomination elles viennent, ou combien l'homme est intelligent – doivent être totalement ignorées, tout ce qui est contraire à la Parole. Si vous voulez noter cette Écriture, c'est Galates 1.8, voyez-vous. Paul a dit : "Quand nous-mêmes ou un ange du ciel prêcherait quoi que ce soit en dehors de ceci, de ce que vous avez déjà entendu, qu'il soit anathème." Autrement dit, si un ange se présentait à vous, venant du ciel, un ange éclatant de lumière, et qu'il se tienne là (oh ! là là! tout un appât pour ce jour-ci, n'est-ce pas?)... Un ange éclatant de lumière, qui se présenterait, se tiendrait là et dirait des choses contraires à la Parole, alors vous diriez : "Satan, éloigne-toi de moi !"

C'est juste. Qu'il soit évêque, qu'il soit un... quoi qu'il soit, n'allez jamais le croire, s'il ne parle pas exactement selon cette Bible, mot pour mot. Surveillez-le : il vous entraînera en utilisant la Bible, maintenant. Il vous entraînera jusqu'à un certain point, et ensuite il fera un crochet. Quand vous voyez la Bible qui dit une chose, et qu'il contourne cela, alors c'est le moment de le surveiller. Voyez-vous, c'est ce qu'il a fait dans le cas d'Ève. Il s'est présenté et a tout dit avec précision. "Eh bien, Dieu a dit ceci. C'est vrai, Ève. Amen. Nous croyons cela ensemble."

CHAPITRE III : LE QUARTIER GÉNÉRAL

III.1 L'UNIQUE VERITABLE EVEQUE ET SURVEILLANT

L'unique et véritable évêque, surveillant Général de toutes les églises du message du temps de la fin c'est le prophète Messager lui-même.

Un surveillant général dans une religion ou une église peut être une personne occupant un rôle de supervision, de direction ou de surveillance au sein de l'organisation religieuse. Ce titre peut varier en fonction de la tradition religieuse ou de l'organisation ecclésiastique spécifique. Voici quelques exemples de ce que pourrait être un surveillant général dans différents contextes religieux :

1. Dans l'Église catholique : Un surveillant général pourrait être un Évêque, un archevêque ou un cardinal chargé de superviser les activités d'une région ecclésiastique particulière.
2. Dans l'Église anglicane : Un surveillant général pourrait être un Évêque diocésain responsable de la supervision des paroisses et des clergés dans son diocèse.
3. Dans l'Église méthodiste : Un surveillant général pourrait être un Évêque ou un responsable régional chargé de superviser les congrégations méthodistes dans une région donnée.
4. Dans d'autres traditions religieuses : Le rôle d'un surveillant général

Peut varier, mais il est généralement associé à une autorité administrative et spirituelle supérieure chargée de superviser les activités et le clergé au sein de l'organisation religieuse.

En résumé, un surveillant général dans une religion ou une église est généralement une personne occupant un rôle de supervision et de direction au niveau régional ou national au sein de l'organisation religieuse. Le surveillant Général de toutes les églises du message c'est le prophète Messager lui-même.

L'AGE DE L'EGLISE DE LAODICEE, -E11.12.1960 JEFF, IN, USA [47]

§222 Alors, que peut recevoir un pauvre saint ? Quelle chance va-t-il ? Une pauvre petite église remplie du Saint-Esprit, quelle chance a-t-elle ? Elle n'aura jamais les moyens de s'offrir cela ! C'est pourquoi, le Seigneur nous suscite quelqu'un (amen !), quelqu'un qu'Il a cueilli de Sa propre main : Il le remplit du Saint-Esprit et l'établit comme surveillant général. Il l'envoie et lui dit : "Je te conseille d'acheter de Lui des vêtements blancs". La Bible dit : "Les vêtements blancs sont la justice des saints".

ET TU NE LE SAIS PAS – 15.08.1965 JEFFERSONVILLE, IN, USA [48]

§45 La démocratie, c'est une bonne idée, mais ça ne peut pas marcher. C'est comme le communisme, avoir tout en commun ; ça a l'air d'être une bonne idée, mais ça ne peut pas marcher. Non. La manière de Dieu, d'avoir un roi, comme David, c'était bon, et ça donne une seule pensée qui domine. C'est comme un seul leader et un troupeau d'oies, et ainsi de suite, il ne peut pas y en avoir deux ou trois. Quand on met tout ça ensemble, on se retrouve avec n'importe quoi, comme idées.

IV.1 LE QUARTIER GÉNÉRAL

Un Quartier Général, souvent abrégé en QG, est un lieu centralisé où sont prises les décisions stratégiques et opérationnelles d'une organisation, d'une entreprise, d'une armée ou d'une institution. C'est le lieu où se trouvent les principaux dirigeants, les équipes de direction et les départements clés chargés de coordonner et de superviser les activités de l'organisation dans son ensemble.

Dans le contexte militaire, un Quartier Général est le centre de commandement et de contrôle des opérations militaires. Il abrite les officiers supérieurs et le personnel chargé de planifier, de coordonner et de superviser les opérations sur le terrain. Dans le contexte des entreprises et des organisations, un Quartier Général est le siège social où se prennent les décisions stratégiques, où sont élaborées les politiques et les directives, et où sont gérées les ressources humaines, financières et matérielles de l'organisation.

En résumé, un Quartier Général est un lieu centralisé de prise de décisions et de coordination des activités d'une organisation, qu'il s'agisse d'une entreprise, d'une

---

[47] William Branham dans son sermon Et tu ne le sais pas - 15.08.1965 Jeffersonville, in, USA
[48] William Branham dans son sermon Et tu ne le sais pas - 15.08.1965 Jeffersonville, in, USA

institution ou d'une entité militaire. Dans ce cas le quartier général des églises du message du temps de la fin apportée par le révérend Branham se trouve au Ciel.

En d'autres termes ou dans le contexte religieux Le quartier général est donc le siège d'un homme ayant un ministère semblable au sien. Et chaque fois qu'il y aura des questions difficiles à résoudre, on recourt au quartier général pour le rencontrer. C'est pour cela qu'ils dirent : "Montons à Jérusalem pour y rencontrer les colonnes". Paul y alla aussi pour être entendu. Il craignait de courir en vain.

Quatorze ans après, je montai de nouveau à Jérusalem avec Barnabas, ayant aussi pris Tite avec moi ; et ce fut d'après une révélation que j'y montai. Je leur exposai l'Évangile que je prêche parmi les païens, je l'exposai en particulier à ceux qui sont les plus considérés, afin de ne pas courir ou avoir couru en vain.

Ceux qui sont les plus considérés-quels qu'ils aient été jadis, cela ne m'importe pas : Dieu ne fait point acception de personnes, -ceux qui sont les plus considérés ne m'imposèrent rien.

Au contraire, voyant que l'Évangile m'avait été confié pour les incirconcis, comme à Pierre pour les circoncis, car celui qui a fait de Pierre l'apôtre des circoncis a aussi fait de moi l'apôtre des païens, et ayant reconnu la grâce qui m'avait été accordée, Jacques, Céphas et Jean, qui sont regardés comme des colonnes, me donnèrent, à moi et à Barnabas, la main d'association, afin que nous allassions, nous vers les païens, et eux vers les circoncis. (Gal. 2 : 1-2 ; 6-9)

N.B : Tous ceux qui auront la Révélation comme Paul, agiront de même. Nous pouvons définir Le quartier général d'une manière facile pour faciliter la compréhension comparable au village natal de personne, là où réside le grand-père de qui tous les fils et filles tirent leurs noms. Ces derniers peuvent quitter leur village d'origine et avoir leurs propres familles où ils deviennent des chefs. Cependant, ils n'auront qu'un seul village d'origine et un seul chef du village qui pourra être succédé après. Le quartier général est l'Eglise-Mère d'où sont sorties des petites églises. C'est en fait la première église pour ces enfants ministres concernés.

De temps en temps tous les fils et toutes les filles peuvent revenir dans leur village d'origine, c'est là chez eux, comme Israël est retourné chez lui.

§82 Bien, je pense que cette église-ci... Si vous les hommes vous le voulez, quand vous construirez cette église-ci, considérez-la comme votre quartier général et comme - que le Frère Neville que voici soit comme le doyen des anciens parmi vous. Voyez-vous ? Et parfois, vous aurez un problème que vous ne pourrez débattre là dans votre église, alors amenez cela ici, chez Frère Neville, et discutez-en tous ensemble. Si là... vous ne pouvez parvenir à une décision, je reviendrai très bientôt, alors nous allons tous nous réunir pour cela. (Se ranger du côté de Jésus-Christ, § 82 – Trad. VGR)

Dans le spirituel, le quartier général peut-être transplanté selon l'ordre du Seigneur. De Jérusalem, après les apôtres, il est passé en France avec IRENEE. De la France en Irlande et de là en Allemagne avec Martin Luther et de l'Allemagne en Angleterre avec John Wesley jusqu'aux Etats-Unis par deux fois. Les pentecôtistes d'abord sur la rue Azusa à Los Angeles et puis chez le prophète Branham à Jeffersonville d'où est parti le dernier message.

Comme Paul pouvait dire : "Est-ce de chez vous que la parole de Dieu est sortie ? ou est-ce à vous seuls qu'elle est parvenue ?" (1 Cor. 14 : 36) la Parole est sortie de Jérusalem l'Ecriture était promise dans Es. 2 :1-3 même au temps de l'Eglise. (Au temps de la fin, la Parole est sortie de Jeffersonville). Pierre dit : "Que toute la maison d'Israël sache donc avec certitude que Dieu a faite Seigneur et Christ ce Jésus que vous avez crucifié." C'est pour ça qu'il a été dit aussi à frère Branham le 28 février 1963 par les sept anges de retourner à Jeffersonville pour ouvrir les sept sceaux. C'était le quartier général de William Marrion Branham.

§281 je me suis réservé sur ce sujet, pendant les quinze, seize ans que je suis dans le champ. Mais il y a une heure qui vient maintenant où quelque chose se prépare à arriver. le message va partir chez une autre nation, un autre peuple. Mais pendant que nous sommes devant Sa Sainte Présence ... L'église en Amérique, je crois, est presque appelée à sortir. Elle est préparée. Elle est lavée. Elle est prête, la vraie église. La fausse continue toujours à être là. Mais la véritable Eglise était une véritable église dès le départ - ceux qui sont nés de nouveau, les prédestinés à l'appel de Dieu. » (Accepter la

Voie Pourvue par Dieu au Temps de la Fin, § 281– Jeffersonville, Indiana, 15/01/196349Nous avons vu qu'il avait promis ces choses. La difficulté aujourd'hui pour beaucoup d'entre nous c'est que nous voulons être si bien instruits selon les séminaires et les dénominations que nous restons dans l'ornière de l'instruction au point que Dieu ne peut pas nous employer.

---

[49] William Branham dans son sermon Accepter la voie pourvue par dieu au temps de la fin, § 281– Jeffersonville, Indiana, 15/01/1963

Dieu peut pousser un homme à accomplir quelque chose et lui donner un ministère, mais ensuite la première chose que celui-ci fera est d'aller s'approvisionner dans ce que disent les autres. Bientôt il sera entortillé de tant de sottises que Dieu devra retirer Sa main de lui et devra le laisser à lui-même. Vous voyez ? Alors Il cherchera un autre homme, quelqu'un qui fera Sa Volonté. Il doit trouver quelqu'un qui reçoive Sa Parole, Sa divine révélation et qui ne s'en éloigne pas, mais demeure entièrement dans cette Parole. C'est Sa façon de faire, Il a toujours agi de cette manière… (Dieu caché et révélé dans la simplicité, page 36 § 193-194 – Trad. Lausanne) [50]

Ne mettez jamais votre confiance en aucun homme. Lorsque cet homme abandonne la Parole de Dieu, abandonnez cet homme. Voyez, abandonnez cet homme. Restez avec Dieu. Dieu est la Parole. (L'Influence, page 27 § 172 – Trad. Shekinah). [51]

AVERTISSEMENT
EXPOSE DE SEPT AGES DE L'EGLISE [52]

Or, Dieu a suscité non seulement des messagers pour chaque âge, mais Il a également suscité de merveilleux auxiliaires pour ces messagers.

Nous retrouvons exactement le même modèle dans chaque âge. Voilà pourquoi la lumière vient à travers un messager donné par Dieu dans une certaine région. Ensuite, à partir de ce messager, la lumière se répand à travers le ministère d'autres personnes qui ont été fidèlement enseignées. Mais il est évident que tous ceux qui sortent n'apprennent pas toujours combien il est nécessaire de ne dire QUE ce que le messager a dit. (Souvenez-vous, Paul a averti les gens de ne dire que ce qu'il avait dit. I Corinthiens 14.37 : "Si quelqu'un croit être prophète ou inspiré, qu'il reconnaisse que ce que je vous écris est un COMMANDEMENT DU SEIGNEUR. Quoi ? Est-ce de chez vous que la Parole de Dieu est sortie ? Ou est-ce à vous seuls qu'elle est parvenue ?") Ils ajoutent ici, ou ils retranchent là, et avant longtemps, le message n'est plus pur, et le réveil s'éteint.

Comme nous devons veiller à n'écouter qu'UNE SEULE voix, car l'Esprit n'a qu'une seule voix, qui est la voix de Dieu. Paul les a avertis de dire ce que lui, il avait dit, et Pierre a fait la même chose. Il les a avertis, en disant que MÊME LUI (PAUL)

---

[50] William Branham dans son sermon Dieu caché et révélé dans la simplicité, page 36 § 193-194 – trad. Lausanne)
[51] William Marion Branham dans son sermon L'Influence, page 27 § 172 – Trad. Shekinah).
[52] William Branham dans son sermon exposé de sept âges de l'église

ne pouvait pas changer une seule parole de ce qu'il avait donné par révélation. Oh, comme il est important d'entendre la voix de Dieu à travers Ses messagers, puis de dire ce qu'il leur a été donné à dire aux Églises.

Les SERVITEUR FIDÈLE : Sont les merveilleux auxiliaire du Prophète Messager leurs missions est de rapporter fidèlement les paroles du message ils n'ont aucun droit d'ajouter quelques choses ou de retrancher quelques choses ni moins expliquer quelques choses dire simplement ce que disent les bandes et les brochures.

Josué 1

[1] Après la mort de Moïse, serviteur de l'Eternel, l'Eternel dit à Josué, Fils de Noun, l'assistant de Moïse :

[2] ---Mon serviteur Moïse est mort. Maintenant donc, dispose-toi à traverser le Jourdain avec tout ce peuple, pour entrer dans le pays que je donne aux Israélites.

[3] Comme je l'ai promis à Moïse, je vous donne tout endroit où vous poserez vos pieds.

Josué 1

[4] Simplement, prends courage et tiens bon pour veiller à obéir à toute la Loi que mon serviteur Moïse t'a prescrite, sans te n'en écarter ni d'un côté ni de l'autre. Alors tu réussiras dans tout ce que tu entreprendras.

CONCLUSION

En conclusion, notre voyage à travers les pages de ce livre intitulé "La fragilité d'une église locale" nous a permis d'explorer avec empathie les défis auxquels sont confrontées ces communautés religieuses dans le monde contemporain. En examinant de près la souveraineté, l'autonomie, les titres des dirigeants, l'esprit hiérarchique et le rôle du quartier général, nous avons pu mieux comprendre les dynamiques internes et les relations avec les autorités ecclésiastiques supérieures.

Nous espérons que cette analyse approfondie contribuera à une meilleure compréhension des défis auxquels sont confrontées les églises locales. En reconnaissant ces défis, nous pouvons travailler ensemble pour renforcer la résilience et la vitalité de ces communautés religieuses dans un monde en constante évolution.

Que ce livre serve de guide pour ceux qui cherchent à comprendre les défis auxquels sont confrontées les églises locales aujourd'hui. Que notre exploration vous inspire à réfléchir sur le rôle crucial que jouent la souveraineté, l'autonomie, les titres des dirigeants, l'esprit hiérarchique et le rôle du quartier général dans la vie quotidienne de ces communautés religieuses.

ET TU NE LE SAIS PAS – 15.08.1965 JEFFERSONVILLE, IN, USA [53]

§45 La démocratie, c'est une bonne idée, mais ça ne peut pas marcher. C'est comme le communisme, avoir tout en commun ; ça a l'air d'être une bonne idée, mais ça ne peut pas marcher. Non. La manière de Dieu, d'avoir un roi, comme David, c'était bon, et ça donne une seule pensée qui domine. C'est comme un seul leader et un troupeau d'oies, et ainsi de suite, il ne peut pas y en avoir deux ou trois. Quand on met tout ça ensemble, on se retrouve avec n'importe quoi, comme idées.

EXPOSE DE SEPT AGES DE L'EGLISE-RESUME DES AGES [54]

Le fait que le clergé s'organise avec une hiérarchie de subordination,

Dirigée par un président, c'est une manifestation de l'esprit antéchrist, même si, en apparence, c'est une chose merveilleuse et nécessaire. C'est bel et bien mettre le raisonnement humain à la place de la Parole. Et toute personne qui se trouve dans une dénomination organisée n'est en plein dans un système antéchrist. Mais je tiens à dire

---

[53] William Branham dans son sermon Et tu ne le sais pas - 15.08.1965 Jeffersonville, in, usa
[54] William Branham dans son sermon Expose de sept âges de l'eglise-resume des âges

ceci, et que ce soit bien clair : JE NE SUIS PAS CONTRE LES GENS, JE SUIS CONTRE LE SYSTÈME.

UN GUIDE - E14.10.1962 JEFFERSONVILLE, IN, USA [55]

§72 Est-ce que vous avez déjà... Avez-vous remarqué les oies

Sauvages qui passent au-dessus de nous, les canards qui s'en vont au sud ? Eh bien, souvenez-vous, là, ce petit canard est né sur un étang quelque part, là-haut. Il ne distingue pas l'est, le nord, l'ouest et le sud. Tout ce qu'il connaît, c'est cet étang qu'il y a là-haut dans les montagnes du Canada. Il n'a jamais quitté cet étang, mais dès sa naissance il était un chef. Ce petit canard mâle là est né pour être un chef. À un moment donné, une nuit, il y a une grosse chute de neige sur le sommet des montagnes. Qu'est-ce qui arrive ? Cette brise froide, elle descend là. Je peux l'imaginer, tout frissonnant, il dit : "Maman, qu'est-ce que ça veut dire ?" Voyez-vous, il n'a encore jamais senti le froid. Il commence à remarquer autour, il commence à remarquer le tour de l'étang, ça commence à geler, la glace se forme sur l'étang. Il ne sait pas, mais tout à coup... Il est né pour être le guide de cette bande de canards. Il va s'élancer au milieu de l'étang, au moment où cela le saisit. Vous pouvez appeler ça comme vous voulez. Nous, on appelle ça l'inspiration, ou vous pouvez appeler ça, oh, de l'instinct, tout simplement, ce que ça peut être. Il va pédaler vers le milieu de l'étang et, avec son petit bec en l'air, il va se mettre à crier : "Coin-coin ! coin-coin !" Et tous les canards de l'étang vont venir directement à lui. Pourquoi ? Ils reconnaissent leur chef, rien qu'à son coincoin.

§73 "Si la trompette rend un son confus, qui pourra se préparer au combat ?" Exact. Qui peut se préparer au combat, si la trompette rend un son confus ?

§74 Eh bien, si ce petit canard rend un coin-coin confus, qui va se préparer à l'envol ? Ce petit canard-là, avec son petit bec en l'air, là, il va pousser son cri : " Coin-coin ! coin-coin ! " Et tous les petits canards vont venir à lui. "Coincoin ! coin-coin !" Les voilà qui s'amènent. Ils auront tout un jubilé, au milieu de cet étang, là, et tourner, et tourner, et tourner. Au bout d'un moment, il sent quelque chose en lui qui agit, il faut qu'il parte. Il va placer ses ailes et s'envoler de cet étang, monter dans les airs et décrire un cercle trois ou quatre fois, il part en ligne aussi droite qu'il le peut vers la Louisiane, tous les canards derrière lui. "Coin-coin ! coin-coin !", le voici. Pourquoi ? Il est un guide ! Amen ! Les canards reconnaissent leur guide, l'église non. Oui, il sait quoi faire.

---

[55] William Branham dans son sermon Un guide - e14.10.1962 Jeffersonville, in, USA

§78 Or, si Dieu a donné au canard assez de bon sens pour savoir échapper au froid, combien devrait-Il en donner à l'église ? Si le canard peut faire ça par instinct, qu'en est-il du Saint-Esprit dans l'église ? Il devrait nous conduire loin des vieilles formalités, et des credo, et tout, jusque dans un baptême glorieux et merveilleux du Saint-Esprit. C'est ce qui produit la vertu, la connaissance, la patience, la piété, et le Saint-Esprit. C'est à cela que conduira le vrai Guide, parce qu'il ne sortira de Sa bouche rien d'autre que l'Évangile, que la Parole de Dieu. Certainement, vous avez besoin d'un Guide !

§88 Donc, vous voyez, ces mages, tant que... Souvenez-vous, quand ils sont entrés à Jérusalem, l'Étoile est disparue. Et tant que vous vous en remettrez aux credo et aux hommes des dénominations pour qu'ils vous conduisent à Dieu, le secours de Dieu vous quittera. Mais quand ils en ont eu par-dessus la tête de tout ça, et qu'ils les ont laissés de côté, qu'ils ont laissé de côté les credo et les dénominations de ces Juifs, et qu'ils sont sortis de Jérusalem, alors l'Étoile est réapparue, et ils ont été saisis d'une très grande joie. Ils ont revu le Guide ! Oh, l'effet que ça fait, de se retrouver dans une vieille église froide et formaliste, et après de retourner à une bonne église enflammée, de voir la conduite du Guide, ça fait toute une différence ! Oui, "nous avons vu Son Étoile en Orient, et nous sommes venus pour L'adorer.

BIBLIOGRAPHIE

I. BIBLE ELECTRONIQUE :

1. http://goo.gl/rb4sW la sainte bible lsv for Android
2. http://goo.gl/rb4sW la sainte bible lsv for Android
3. http://goo.gl/rb4sW la sainte bible lsv for Android
4. http://goo.gl/rb4sW la sainte bible lsv for Android

II. BROCHURES

1. William Branham dans son sermon intituler Hébreu chapitre7 deuxième partie $282
2. Histoire du protestantisme de Philippe Jouard
3. 3.https://www.scribd.com/document/74660284/fonctionnement-des-offices-de-l-eglise.
4. William Branham dans son sermon Les 24 anciens » apportée le 1 er janvier 1961, au paragraphe 292
5. William Branham dans son sermon intituler Hébreux Chapitres 5 et 6 première partie
6. William Branham dans Questions et Réponses » du 12 janvier 1961)
7. William Branham dans son sermon expose de sept âges de l'église—Age d'Ephese (la ville d'Éphèse)
8. William Branham dans son sermon expose de sept Age de l'église—page 189(la doctrine des nicolaïtes) vgr
9. William branham dans son sermon le seul lieu d'adoration auquel dieu ait pourvu –28.11.1965 (u.s.a.)
10. William Branham dans son sermon la clé pour la porte – 07.10.1962 (Jeff. ind. u.s.a.)
11. William branham dans son sermon hébreux chapitre 5 et 6,1ère partie, 08.09.1957 (jeff ind. u.s.a.) Il U.S.A.)
12. William branham dans son sermon la divinité pplique—25.04.1961 (holiday, inn, Chicago
13. William branham dans son sermon l'ordination des diacres-20.07.1958 (Jeff. ind ; u.s.a.)
14. William Branham dans son sermon hébreux chapitre sept 2ème partie –15.09.1957 (Jeff. ind. U.S.A.)
15. William Branham dans son sermon le nom de jésus –28.09.1958 (Jeff. ind. u.s.a.)
16. William Branham dans son sermon un super sens –27.12.1959 (jeff. ind. u.s.a.)
17. William Branham dans son sermon pourquoi nous ne sommes pas une dénomination ou la grande prostituée —27.09.1958 (Jeff. ind. u.s.a.)
18. William Branham dans son sermon questions et réponses n° 3—30.08.1964 matin (Jeff. ind. u.s.a.)
19. William Branham dans son sermon deuxième sceau prêcher le 19-03-1963 à Jeffersonville Indiana USA
20. William Branham dans son sermon rendre un service à dieu en dehors de sa volontés 18.07.196 (Jeff. ind. u.s.a.)
21. William Branham dans son sermon des citernes crevassées—23.01.1965 (phx. az. u.s.a.)
22. William Branham dans son sermon une délivrance totale—11.07.1959 (Jeff. ind. u.s.a.)
23. William Branham dans son sermon le troisième exode—30.06.1963 (Jeff. ind.u.s.a.)
24. William Branham dans son sermon expose des sept âges de l'église- Age de Smyrne (le messager)

25. William Branham dans son sermon expose de sept âges de l'église—Age de sardes (la dénonciation)

26. William Branham dans sermon expose   de   sept   âges   de   l'église—Age de Philadelphie (la salutation)

27. William branham dans son sermon questions et réponses sur la genèse - 29.07.1953 Jeff, in, USA

28. William Branham dans son sermon le roi rejeté - m15.05.1960 Jeffersonville, in, usa

29. William branham dans son sermon 'les fils de dieu manifestés - 18.05.1960 jeff, in, usa

30. William Branham dans son sermon expose de sept âges de l'église- résumé des âges

31. William Branham dans son sermon le choix d'une épouse - e29.04.1965 los Angeles, USA

32. William Branham dans son sermon le cinquième sceau - 22.03.1963 Jeffersonville, in, usa

33. William Branham dans son sermon expose de sept âges de l'église—âge de sardes

34. William Branham dans son sermon Expose de sept âges de l'église—page 189 (nouvelle tradition)

35. William Branham dans son sermon Exposé de sept âges de l'église âge de Pergame

36. William Branham dans son sermon Se ranger du côté de jésus   -   01.06.1962 Jeffersonville, in, usa

37. William Branham dans son sermon Expose de sept âges de l'église—âge d'Ephese

38. William Branham dans son sermon sur L'âge de l'église d'Ephèse, - 05.12.1960 Jeff, in, usa

39. William Branham dans son sermon prêché le 01juin 1962 Se ranger du côté de jésus au paragraphe 83

40. William Branham dans son sermon l'ordre de l'église - 26.12.1963 Jeffersonville, in, usa

41. William Branham dans son sermon   Christ est révélé dans sa propre parole - m22.08.1965 Jeff, in, USA

42. William Branham dans son sermon L'âge de l'église de Laodicée, - e11.12.1960 Jeff, in, USA

43. William Branham dans son sermon Et tu ne le sais pas - 15.08.1965 Jeffersonville, in, USA

44. William Branham dans son sermon Accepter la voie pourvue par dieu au temps de la fin, § 281– Jeffersonville, Indiana, 15/01/1963

45. William Branham dans son sermon Dieu caché et révélé dans la simplicité, page 36 § 193-194 – trad. Lausanne)

46. William Marion Branham dans son sermon Influence, page 27 § 172 – Trad. Shekinah).

47. William Branham dans son sermon exposé de sept âges de l'église

48. William Branham dans son sermon Et tu ne le sais pas - 15.08.1965 Jeffersonville, in, usa

49. William Branham dans son sermon Expose de sept âges de l'église - résumer des âges

50. William Branham dans son sermon Un guide - e14.10.1962 Jeffersonville, in, USA

Table des matières

LA FRAGILITÉ D'UNE ÉGLISE LOCALE 1

PRÉFACE 2

INTRODUCTION 3

CHAPITRE I : LA SOUVERAINETÉ ET L'AUTONOMIE DE CHAQUE EGLISE LOCALE......5

I.2 HISTORIQUE 5

I.3 ACCORDS ET FONCTIONNEMENT DES CHARGES 7

I.4 LA CHARGE DU PASTEUR 7

I.5 LA CHARGE DU PASTEUR ASSOCIE 7

I.6 LA CHARGE DES ADMINISTRATEURS 8

I.7 LA CHARGE DES DIACRES..8

I.8 LA CHARGE DU TRESORIER 9

I.9 LA CHARGE DE SURINTENDANT DE L'ECOLE DU DIMANCHE 9

I.10 LA CHARGE DU PROGRAMME DE MUSIQUE 9

I.11 L'ESPRIT NICOLAITE...15

EXPOSE DE SEPT AGE DE L'EGLISE—Page 189...17

LE SEUL LIEU D'ADORATION AUQUEL DIEU AIT POURVU –28.11.1965 (Life Tab. Shr. La, U.S.A.) 18

LA CLE POUR LA PORTE – 07.10.1962 (Jeff. Ind. U.S.A.)......................................19

HEBREUX CHAPITRE 5 ET 6,1ère PARTIE, 08.09.1957 (Jeff Ind. U.S.A.) 19

LA DIVINITE EXPLIQUEE—25.04.1961 (Holiday, Inn, Chicago Il U.S.A.) 19

L'ORDINATION DES DIACRES-20.07.1958 (Jeff. Ind ; U.S.A.) 20

HEBREUX CHAPITRE SEPT 2ème PARTIE –15.09.1957 (Jeff. Ind. U.S.A.)......20

LE NOM DE JESUS – 28.09.1958 (JEFF. IND. USA)..22

UN SUPER SENS –27.12.1959 (Jeff. Ind. U.S.A.) 22

DES CITERNES CREVASEES—23.01.1965 (Phx. Az. U.S.A.) 24

UNE DELIVRANCE TOTALE—11.07.1959 (Jeff.Ind. U.S.A.) 25

LA SOUVERAINETE. 25

LE TROISIEME EXODE—30.06.1963 (Jeff. Ind. U.S.A.) 26

EXPOSE DES SEPT AGES DE L'EGLISE- AGE DE SMYRNE 26

CHAPITRE II : LES CROYANCES SUPERSTITIEUSES..30

LE LEADERSHIP RELIGIEUX...30

LES CROYANCES SUPERSTITIEUSE 31

II.1 LES TITRES DONNES AUX CONDUCTEURS DES ÉGLISE AUJOURD'HUI ET L'ESPRIT HIÉRARCHIQUE DANS LES ÉGLISES 35

EXPOSE DE SEPT AGES DE L'EGLISE—Page 189 (nouvelle tradition) 37

EXPOSE DE SEPT AGES DE L'EGLISE-AGE DE PERGAME 38

II.2 L'ÉVÊQUE LOCAL OU PERE SPIRITUEL 39

SE   RANGER DU CÔTÉ DE JÉSUS - 01.06.1962 JEFFERSONVILLE, IN, USA 39

II.3 VOUS POUVEZ NE PAS CROIRE COMME L'EVEQUE-LOCAL OU L'ANCIEN…C'EST EN ORDRE 41

SE RANGER DU CÔTÉ DE JÉSUS - 01.06.1962 JEFF, IN, USA 41

II.4 L'EVEQUE LOCALE ET L'EGLISE AVANT-POSTE 42

L'ORDRE DE L'EGLISE – 26.12.1963 JEFFERSONVILLE, IN, USA 43

CHRIST EST RÉVÉLÉ DANS SA PROPRE PAROLE - M22.08.1965 JEFF, IN, USA 44

CHAPITRE III : LE QUARTIER GÉNÉRAL 45

III.1 L'UNIQUE VERITABLE EVEQUE ET SURVEILLANT..45

L'AGE DE L'EGLISE DE LAODICEE, -E11.12.1960 JEFF, IN, USA 46

ET TU NE LE SAIS PAS – 15.08.1965 JEFFERSONVILLE, IN, USA 46

IV.1 LE QUARTIER GÉNÉRAL 46

AVERTISSEMENT 49

EXPOSE DE SEPT AGES DE L'EGLISE 49

CONCLUSION 51

ET TU NE LE SAIS PAS – 15.08.1965 JEFFERSONVILLE, IN, USA 51

EXPOSE DE SEPT AGES DE L'EGLISE-RESUME DES AGES 51

UN GUIDE - E14.10.1962 JEFFERSONVILLE, IN, USA 52

BIBLIOGRAPHIE 54

Buy your books fast and straightforward online - at one of world's fastest growing online book stores! Environmentally sound due to Print-on-Demand technologies.

Buy your books online at
www.morebooks.shop

Achetez vos livres en ligne, vite et bien, sur l'une des librairies en ligne les plus performantes au monde!
En protégeant nos ressources et notre environnement grâce à l'impression à la demande.

La librairie en ligne pour acheter plus vite
www.morebooks.shop

Printed by Books on Demand GmbH, Norderstedt / Germany